学生と大学の心をつなぐ

—引きこもりをつくらない学生支援—

推薦のことば

筑波大学　大学研究センター　准教授　加　藤　毅

進学先を選ぶことができるのならば、曽田さんが学生支援部門の責任者を務める大学に、自分の子供を預けたい。筑波大学で開講された曽田さんのご講義に感銘を受けた大学職員から寄せられる、定番の感想である。どのような深刻な問題に巻き込まれようと、曽田さんが傍にいてくれればその学生は間違いなく、一回り大きな人間へと成長して元気に戻ってくるからである。

東西冷戦時代に遡る先駆的なシベリアとの交流。あるいは国会議員秘書として、守秘義務を負うであろう多くの国家的課題に取り組み、卓越した人脈のなかで、凡人の想像を遥かに超える数多の修羅場を乗り越えてこられたご経験が結晶化して、魔法使いが誕生したのだろうと理解している。あとを託された我々に、その真似はできないけれども、長年に亘り蓄積されてきた黄金の大原則やチェックリスト、具体の対応策が惜しげもなく公開され、このたび刊行されることになった。まずは形から入り、追体験を通じて人間として成長することを可能にする道が、ようやく拓かれたといえよう。

茨の道に挑み、倦まず弛まず研鑽を重ねる職員が、大学における「人間教育」を請け負っていくのだ。目指すは専門職の先にある天職、というのは言い過ぎだろうか。

はじめに

厚生労働省の統計によると、２００２年に64万にも達していると言われた「ニート」の存在が、深刻な社会問題として取り上げられてから、もうどのくらいの年月が経過したのでしょうか。学校にも行かず、仕事にも就かず、フリーターにもならず家に引きこもっている若者「ニート」は、何の解決もみないまま、今日に至り、今や「引きこもり」として大きな社会問題となっています。

この「ニート」の由来は"Not in Education, Employment or Training"の頭文字(ＮＥＥＴ)からきていますが、全国の大学でもその予備軍とおぼしき若者「学生」の存在が見受けられるようになってから、すでに久しくなりました。こうした若者「学生」のおかれている現状の中で、２００１年10月、東海大学は松前達郎総長の発案により、全国の大学に先駆けて、「よろず相談所」「なんでも相談所」的な機能を持った総合相談、総合案内窓口としての「学生生活支援室」を立ち上げました。「学生生活支援室」は後に「学生支援課」と改名しますが、私はこの初代室長として、以後、２０１４年3月に退職するまでこの学生支援に関わってきました。本書はその記録をまとめたものであります。

この冊子は、今の若者「学生」が日々学生生活を送る中で、何を考え、何に悩んでいるのか、学生と言えども社会の一員である「学生」がどのようなトラブルや事件に巻き込まれているのか、また青年期特有の心の問題などには学生自身がどのように向き合っているのか、学生は今日の不透明な日本の社会に対し、どんな夢や未来を描いているのか、将来に失望はしていないのかなど、来室した学生を通して、その姿をつぶさに見てきた記録であります。

開設時は、新しい学生相談のスタイルであったため、学生の利用はどのくらいあるのだろうかと、かなり悩みもしましたが、今や、12年間に12万人以上の学生と保護者とが何らかの形で利用してくれたことに対し、それらの心配は全くの杞憂であったと言っていいでしょう。

それは何故でしょうか。学生は相談する場所や体制がしっかり整ってさえいれば、日常の学生生活の中で迷うことなく、ごく普通に利用してくれるということがわかったからであります。

そして、学生の悩みは、昭和から平成へ、令和の時代になっても、変わりません。むしろ、より深刻となり、暗闇を抱えたまま卒業し、引きこもり状態となって、突発的な事件となって現れます。こうした社会現象をみるにつけ、学生支援との関わりのなかで、何か彼らを引きこもりから救う手立てはなかったのだろうか、そういう思いも、本書を発行する契機の一つとなりました。

今の時代が若者にとって、「自分探し」「自分作り」の大変むずかしい時代であるということを、私達は十分理解しております。そんな時だからこそ、若者「学生」の日常を知り、少しでも引きこもりを作らない上で、何らかのヒントになれば、望外の喜びとするところであります。

令和元年8月25日

曽田　成則

目次

1　学生支援における職員の専門性

『大学マネジメント』平成24年6月号

1　はじめに

大学がユニバーサル段階に入って久しい。周知のとおり、18歳人口の減少により、学生数は激減する一方で進学率は上昇し、多様な学生層が大学に入学している。

かたや、社会情勢、産業構造、ビジネス環境が急激に変化する中で、学生が抱える課題もまた多様化している。就職や将来の進路に不安や悩み、対人関係や精神的な諸問題、学修面や経済面での修学上の問題等から事件・事故への対応まで、実に多くの課題に直面しており、これらの課題に的確に対応することが大学に求められている。

これら課題へ対応するには、「学生の履修相談、進路・職業相談、就職支援、経済的支援、メンタルサポートなど学生生活における必要な支援が有機的につながり、学内の学生支援関係の拠点がワンストップでサービスの提供を行う機能が必要である。」と中央教育審議会大学分科会　大学教育の検討に関する作業部会で指摘したのが、２００９年。東海大学では、それを遡ること２００１年に湘南キャンパスに学生生活を総合的にサポートする「学生生活支援室ＣＬＩＣ」(Campus Life Information Center 以下、ＣＬＩＣという。)を設置し、２００２年度４月に学生支援の窓口をオープンさせた。

私は、この日本で最初の「学生生活支援室」の初代室長として、学生目線で学生のあらゆるニーズに応えるべく、さまざまな工夫や取組みを行ってきた。25年程の松前達郎参議院議員（東海大学総長）の秘書の経験を経てこの任についたことも功を奏したと思う。これまでの国民目線で政治家の秘書として活動してきたことが、そのまま学生目線に転じ、これまでの学生支援に新たな息吹を吹き込めたものと自負している。

本稿では、ＣＬＩＣを通じて自身が実践してきた具体的な支援活動を通じて、「学生担当職の専門性」について論じてみたい。

2　学生生活支援室ＣＬＩＣについて

東海大学の湘南キャンパスでは約３万人の学生が学んでいるが、このＣＬＩＣが設置されるまでは、学生対応窓口が複数に分かれ、「どこに相談していいのかわからない」「たらい回しにされた」などの学生からの不満の声があがっていた。こうした状況の改善を目的に「学生生活支援室」ＣＬＩＣは開設された。

①ＣＬＩＣの役割

ＣＬＩＣでは、大学生活に関わるすべての情報を提供する総合案内・相談窓口としての業務を遂行するほか、学生の考えや悩み、要望などにも対応する、いわば「学生生活のよろず相談所」をめざした。また学生個人への対応だけでなく、ここで得た学生のニーズなどの情報を大学本部に伝え、それをまた学生にフィードバックするなど、教育改善や大学全体のサービス向上にも役立てている。こうした情報収集の役割もさることながら、大学に対するさまざまな相談や苦情処理をここで一括して引き受けるので、他部署も専門業務に専念でき、結果として学生支援の向上につながる効果を得ることができている。

ＣＬＩＣの相談受付時間は、月～金曜日の9時から17時、土曜日の9時から16時を原則とし、非常勤勤務を含めた4人のスタッフが学生の相談にあたる。発足初年度は約８０００件だったが、次年度には1万１０００件と、今では平均１万２０００件以上の相談を受け付けている。

②相談内容とその対応

相談内容は、多岐にわたる。履修登録・Ｗｅｂ登録の仕方や授業についてなどの「学業に関すること」、アパート・下宿の斡旋からアルバイト・学費についてなどの「生活に関すること」、健康上の不安やカウンセラーとの連携が必要な心の悩みに関する相談などの「心身の健康に関すること」、就職や学生の人生を大きく左右する転部の相談などの「進路に関すること」、なかには道案内や施設利用についても質問に訪れる。

こうした相談には、スタッフがその場で応えることを原則とし、届け出書類に関わる手続きや健康推進室のカウンセラーや医師が担当すべき問題を抱えている場合などは、専門の部署に案内する。

そのためには、他部署との連携・協力が不可欠で、スタッフには学内や他部門、大学業務全体への深い理解と、学生支援や障害者支援、保健師や民間の相談員などがもっている基礎知識などが求められる。

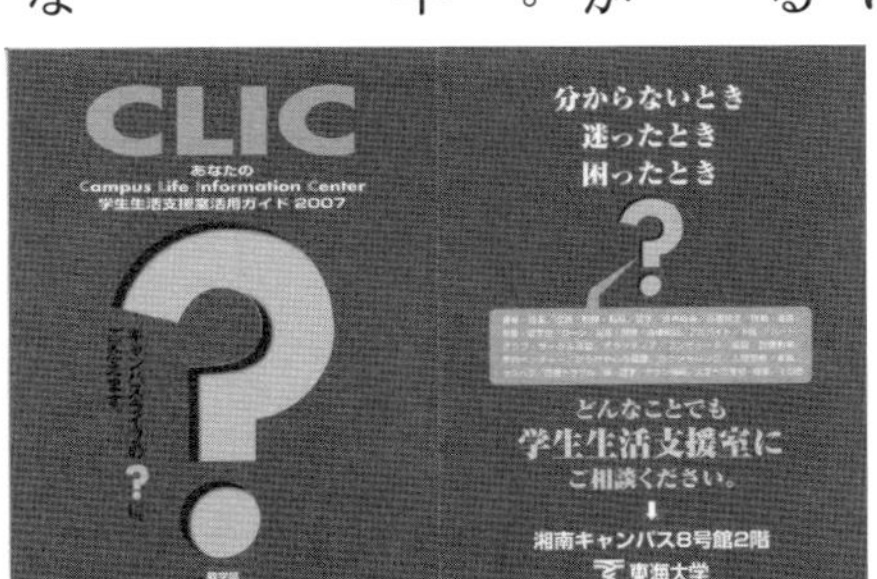

しかし、基本となるのは、どんな内容であっても、学生の考えを否定するような発言はせず、学生が自ら結論を導き出すことができるよう必要な情報をわかりやすく説明する姿勢であろう。保護者には相談できない自分の不満や考えを話す場がほしいという場合もあり、学生は話すことで満足を得たり、新たな目標を見出だして、納得することも多い。

また、学生が出入りしやすい雰囲気をつくるため、室内にはＢＧＭを流したり、カウンターに花やキャンディを置くなどの工夫を凝らしたり、自分の名刺にユーモアを持たせることで、話のとっかかりをつくる。すると、堰を切ったように自分の悩みを話しだす学生もいる。こうした努力が実り、今では待ち合わせ場所にも利用する学生もおり、ＣＬＩＣは学内ですでに定着している。

ＣＬＩＣでは、こうした相談内容をまとめ、このデータに基づいた情報発信も行っている。保護者向けに学生生活支援室の取り組みや相談内容とそれへの対応をＱ＆Ａ方式でまとめた冊子「ＣＬＩＣ相談対応事例集」を発行し、無料送付している。

また、月に1回「法律相談」や、相談内容を参考にテーマを決め、昼休みの30分を利用し、「ＣＬＩＣ講座」を開講し、学生のみならず教職員にも好評を得ている。また、現在休止しているが、当初は100～200人程度の学生モニター制度をつくり、キャンパスライフについての調査も行ってきた。

学生のキャンパスライフに役立つ情報誌「ＢａＢ ニュース」も年6回発行し、好評を得ている。学生からＢａＢ記者を募り、企画から学生視点なのが特徴である。

3　平成の学生の特徴

学生相談をしていると、その世代、世代で学生の特徴がよくわかる。この特徴を踏まえて相談にのることが必要だ。ちなみに現在の学生について感じることは次の3点である。

①「平成の苦学生」「ゆとり教育・さとり世代」

昔の「昭和の苦学生」と違い、25年位前のバブル崩壊後に生まれた世代を私は「平成の苦学生」と呼んでいる。生まれてから一度も景気のいいときを知らない学生たちで保護者もリストラの憂き目にあい、学生たち自身も就職難に見舞われている。この世代は「ゆとり教育」を受けているが、受身であり、一見、悟っているかにみえるので、私は「さとり世代」と呼んでいる。この受身は、そのまま手を差し延べないと次のステップに行けないことにつながる。自分自身の目標・将来ビジョンはもとより、何をやりたいのか見つけられない学生が多くいる。また、トラブルが発生したとき、問題解決能力やそれを回避する危機管理能力も十分ではない。

②受け答えは得意

「さとり世代」の前の世代を、私は「ゲームボーイ世代」と呼ぶ。それはゲームボーイに熱中している時のように目線は常に少し下で、会話も「あ～、その～」と会話がなかなか成立しない。

しかし「さとり世代」は自分のビジョンを語ることができないが、「ゆとり教育」の成果であろうか、「雑談する力」はついていると感じている。たとえば、「おはようございます」の次に、「今日は寒いですね」と続いたり、主語をきちんと言えたり。コミュニケーション能力はあるとまではいかないが、大人との受け答えはしっかりとしている。

③忍耐力の弱さ

反面、高校までの授業が45～50分なのでそれが身についているのか、1時間ももたずにざわざわし私語が始まる。また、地方から出てきて一人暮らしの生活を始めるには「孤独」という意味では耐える力が弱い。ちょっとした一言で傷つく。忍耐力や自立の精神を大学でどう養成するか、これからの課題の一つになるものと思われる。

4　学生生活における喫緊の課題と新たな学生支援体制の在り方

世代としての共通性はあるが、学生個々人はそれぞれ多様な背景（社会人経験のある学生、留学生等の外国での学修経験が長い学生、障害学生等）をもち、多様な入試により入学してくる。成績不振者、長期欠席者、学修習慣・生活習慣に課題がある学生など、実に様々である。加えて、景気の不況で授業料が払えず中退（除籍を含む）、休学する者も増加傾向にある。

したがって、学生相談の内容も多様化し、大麻事犯、自殺問題、消費者問題、ハラスメント問題やトラブル仲裁、事件・事故対応など深刻かつ組織的な対応が必要な状況が大学全体として増加傾向にある。

具体例として「相談対応事例集　２０１４」から事例をいくつか挙げよう。

①キャンパス内ハラスメント

キャンパス内におけるハラスメントについては、最近は特に、ハレンチ事件、窃盗、喧嘩、ストーカーなどまさかというような事件が、本学に限らず全国各地の大学内で起きている。大人しい真面目ないい学生と思っていたら、実はコミュニケーションがとれないというだけで、ある日突飛な行動にでて事件となったケースも多い。また、工科系の教員が、学生の「こんな実験をしていてはだめだ、もっとしっかりしなさい」と励ますと、昔だったらなにくそと学生はがんばっていたのだが、今はそのひと言で引きこもりになってしまうケースも多々みられる。

したがって、セクハラ・パワハラなどと同様に、前述した学生の特徴とそれにどう対応するか、言葉の遣い方を十分気をつけるよう、教職員に周知する研修も必要になっている。

②クレーム対応

最近は、初等・中等教育でも保護者のクレームが問題になっているが、大学においても保護者からのクレームは多くなっている。先ほどの引きこもりのケースも、保護者から「先生の一言で大学に行かなくなり、卒業できなかったらどう責任をとってくれるんだ」とクレームがはいる。本末転倒のクレームもあるが、伝達の仕方に不備があったり誤解を招く窓口対応であったりする場合も多い。

こうしたクレームはどんなに逃げても追いかけてくるわけで、むしろ「クレームは宝だ」と認識して、大学が成長するためには、「学生の生の声」として耳を傾ける必要がある。

また、「クレームをトラブルに発展させないための努力」も必要だ。そのためにも、「大学職員の窓口対応研修」は必須である。各大学でもそれぞれ新入職員に対して窓口対応研修はなされていると思うが、ニーズにあった研修は少ないのではないか。

関東地区学生生活連絡協議会では、プロの講師をお招きし研修を行っている。また、東海大学でも、ベテランも含めた窓口対応研修を行っている。

こうしたクレームがトラブルに発展するケースもあるので、私は、いろんな組織や部署で、今後はまとまって「訴訟費用保険」に入り、医療事故等だけでなく、多種多様なクレームに対して弁護士費用など備えていく必要があると考えている。

③「大人」としての無防備からくるトラブル
～個人情報流出（ＳＮＳ）・悪徳商法・薬物等

喫緊の問題として、ソーシャル・ネットワーク・サービス（ＳＮＳ）のトラブルがある。

フェイスブックやＴｗｉｔｔｅｒなど、どこかの冷蔵室での悪ふざけの写真投稿が炎上したり、「スピード違反の速度で走って気持ちよかった！」などと法律違反をしていることをつぶやいたり。どうしてあれだけのニュースになっているのに、同じような事件が繰り返されているのだろうと思い、学生たちに確認すると、多くの学生たちはその情報を知らない。彼らは新聞やテレビをみていない、自分たちだけの世界だけで生きているので、たいへんなことになるという自覚がない。

ネットで求められるままにクレジット番号などの個人の大切な情報を送信してしまったり、マルチ商法に巻き込まれたりするのも同様だ。なかでも薬物への安易な好奇心は決して許されるものではなく、東海大学では、早くから薬物から学生を守るための啓発活動に取り組んでいる。

その取組みは文部科学省に依頼され『大学と学生』平成21年6月号に詳細を掲載しているが（Ｐ19掲載）、新入生ガイダンスや、ＢａＢニュース特集に薬物使用の怖さを周知している。ＳＮＳについても、ソーシャルメディア活用ガイドラインを作成し、全学生に配布し注意を喚起している。

総じていえるのは、彼らは自分たちが社会の一員であるという自覚が足りないところに、数々のトラブルが発生すると考える。

そこで、これは主にキャリア支援のエリアであるが「大人になるための実践講座」を開設し、卒業後、社会に出た後の、労働者としての自分の身を護るための労基法関係を学ぶことを主にしている。いわば社会人としての自覚を促す方法でもあるが、「教育カリキュラムと連動させて、心理的成長を促す取組み」を中教審でも唱えているが、その取組みの一つといえるであろう。

④「心の病」に対する早期対応と学内ネットワーク作り

心の病に対しては、早期対応と学内ネットワーク作りを早急にしないといけない。

東海大学では、悩みを抱えている学生が相談にきたら、全てとはいえないが、どんなことで悩んでいるか、学部学科と主任教授あるいは指導教員と連携をとり、事件が起きてからでは遅いので、できるだけ多くのこ

NETWORK

●学生生活支援室のネットワーク

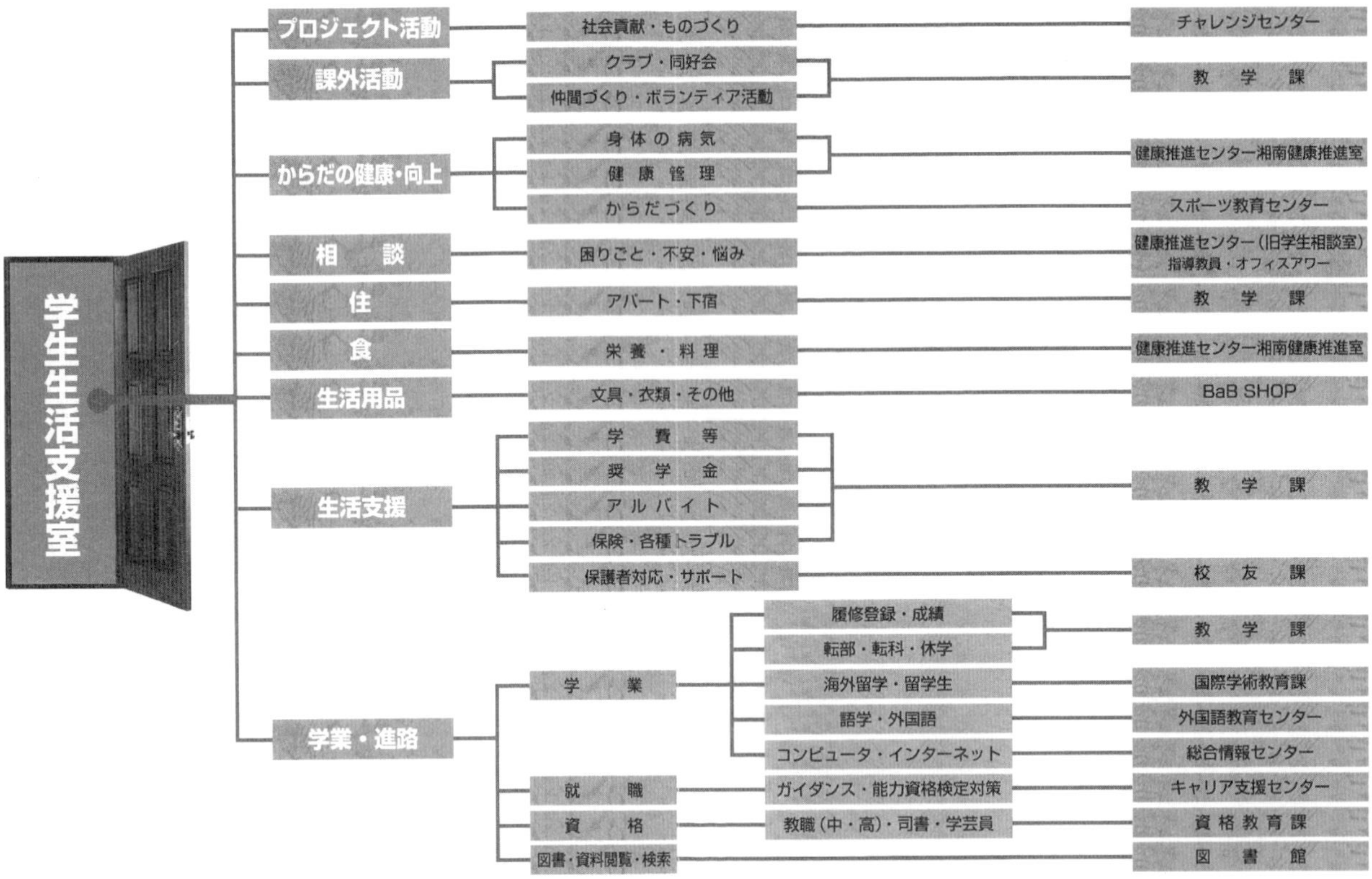

とを共有する。相談を受けた窓口では、学内ネットワークに連絡する。つまり、相談を受けたところが皆窓口になる。学部、学科、指導教員、学生支援、教務、病院、みなネットワークで情報交換をし、対応する。そうしないと学生も可愛そうだし、周りも大変になる。ここをキチンとしておかないと大学の責任が問われる時代がくるだろうと思われる。

また、できるだけ窓口担当者は、日本学生相談学会で開催される初心者向けのカウンセリング研修に参加し、基本的な心構えを身につけ、間違いのない人間関係を築けるよう努力している。

5　学生とどう向き合ってきたか

このように学生相談の仕事は複雑多岐にわたる。しかし、在職期間中、学生相談を担当していて、信頼関係を日ごろから築いていくために常に心掛けたことや、変わらないスタンスを決めていた。基本的には、学生とコミュニケーションをとることが一番なので、次のようなことを念頭においた。

①　学生にわかる言葉で話す。（難しい言葉を遣わない）
②　話し方や、伝える力をどう磨くか
③　学生と共に悩み、共に考える姿勢
④　学生によって、態度を変えてはいけない
⑤　「わたしのことを理解してくれた」「誠実に対応してくれている」という熱意ある姿勢と心構え

⑥　学生はできるだけ具体的なアドバイスを求めている

特にここで強調したいのは、今の学生はできるだけ具体的なアドバイスを求めているということ。これは保護者の方にも強くいっているのだが、学生自身が答えを考え導くのが大事なので、「あっ」とヒントがみつかるようにわかりやすく話す。

アドバイスの一例として、自分のちょっとした体験談を学生に披露するのも効果的だ。（詳細はP81）

たとえば、私は一昨年のある日曜、出張からの帰路の飛行機内でスチュワーデスさんが「今日は日曜なので新聞は朝刊しかありませんが何かお読みになりますか？」と聞いてきた。私は「できれば明日の朝刊があれば」とジョークをいうと、「はい、わかりました」とその約14分後、“曽田さま、いつもご利用ありがとうございます”と書いた明日の日付の手作りANA新聞を持ってきてくれた。裏には、今乗っている飛行機の経路、スピード、その日の天気が記載されていて、機転のきいたサービスに驚くとともに大いに感動した。

こういった話を学生にすると、彼らは目を輝かせて聞き耳を立てる。社会で生きていくうえでのヒントとなるだろうと願っている。

ところで、この挿話には、後日談がある。この話を翌年、同じく地方空港で、ANAの地上勤務員の方に話すと、彼女は「あぁ、そんなことがあったのですか、私たちもがんばります」といってくれた。そのまま帰路の空港につき荷物を受け取ると、その取っ手になんとピカチュウの絵を描いた手作りのカードが添えてあった。「本日はご搭乗ありがとうございます。とても素敵なお話を聞いて…」とあり、思わずこの会社の人達はなんてすごい人たちがいるんだろうと。これも学生たちに伝えると、彼らの心になにか響くものがあるようだ。

このように、雑談といえば雑談になるが、どこかで学生も覚えてくれていて、なにかの役に立つことも多い。

もう一つの例を上げてみる。「偕老同穴」という言葉があるが、これは夫婦円満を意味する言葉だが、もともとは「カイロウドウケツ」というガラス状の海面動物のことを言っている。中の空洞になっている部分には「ドウケツエビ」と呼ばれる雌雄一対のエビが棲んでおり、幼生のときにカイロウドウケツの体内に入ったきり、『山椒魚』みたいに出られなくなり一生雌雄一対で暮らす。出雲大社にも祭られているこの「カイロウドウケツ」の標本を学生たちにも見せ、この話を覚えていてくれた学生たちが、希望する就職試験の面談でこの話をすると社長も知らなかったと驚いてくれ、昨年は憧れのブライダルプランナーに就職できたと三通ものお礼の便りがあり、たいへん嬉しかった。（偕老同穴の写真はＰ84）

6　学生相談の実践　～心と心のネットワークシステム

これまでどのような学生相談を実践してきたか、事例を挙げてみよう。

①悩み相談は工夫とアイデア！（特製名刺）

相談にくる学生はみな一様に緊張している。最初から泣いてくる学生もいる。相談事というのは、最初に口を開く時から始まるので、緊張をほぐせるような工夫した名刺をまず学生に渡すことにしている。顔写真いりのこの名刺をみて、ちょっとした笑いと驚きが、学生を笑顔に変える。また、深刻な問題に対しても、そうでない問題に対しても、同じように自然なスタイルで聞くようにしている。

②相談事は24時間いつでもＯＫ（携帯電話で）

私個人として実践していることであるが、「24時間いつでも電話していいよ」と携帯電話番号を名刺に載せている。「もしなにかあったら電話をかけてください」と話すと学生も安心するし、実際にかかってくる（といっても、一番夜遅くかけてきたのは、午後11時であった）。すぐ取れないときは留守電にはいっているのでかけ直す。携帯電話番号を知っているだけで、心と心がつながっている、そう思える誰かが世の中にいてもいいのではないか、そういう心つもりで実践している。

③「声は人である」をモットーに

人の声は高いと明るく聞こえ、低いと暗く聞こえる。イメージは他人によって作られてはいけない。明るいイメージは自分で作らなければならない。一オクターブ声を高くして明るくハキハキと話し、自分のイメージを高めよう、学生たちにはそうアドバイスしている。

④笑顔の磨き方トレーニング

同様に笑顔も大事だ。数年前の入学式に相談にきた女子学生は、かけていた眼鏡をはずしても暗いイメージだったので、これまでの生い立ちなどは聞かずに、ちょうど北京出張の手鏡の土産物があったのでプレゼントした。「お土産の手鏡があるんだけれど、もらってくれる?」「はい。」「大学にはいってこれから明るい人生を送るためには、手鏡を毎日見て笑顔の練習をしたらどうだろう」。

それから4年後、私は忘れていたのだが、その女子学生から「約束を毎日守り、そのお陰で就職できました」

と卒業後手紙をもらったときは思わず涙がでた。（詳細はＰ93）

また、昨年はやはり笑顔での応対を指導した卒業する学生たちから表彰状をいただいた。「あなたは悩める学生たちに笑顔とチャンスを与えてくれました。あなたの手堅く純然な愛を讃えて…」とあり、これもやはりホロリときてしまった。学生担当者冥利に尽きる喜びである。（詳細はＰ94）

⑤レポート・小論文へのアドバイス

これはどこの大学でも悩みであると思うが、今の学生たちはレポートや論文が思ったほど書けない。高校までそういう教育が少なかったのではないかと思うが、こればかりは、教科書を読んだだけでは身につかない。実際、レポートを書けないので大学を辞めたいという相談もくるので、自分で書かせてみて、それをアドバイスをしている。すると、書けないと思っていたけれどヒントをもらえれば書けたという学生たちもいて、大学生活を続けてくれる。専門家ではないので内容は別にして、文章の間違いくらいは訂正できる。書くコツなら少し分かるので、学生支援の一環として指導している。

⑥教員と学生の間をつなぐ「大学職員」の役割

レポート・小論文へのアドバイスにもみられるように、大学職員は教員と学生の間をつなぐ大事な役割を担っていると思う。同時に、「専門教育は教員、職員は人間教育に重点を置く」くらいの気概で学生と接することが大事だと考える。

7　新たな学生支援活動に対し、大学職員に求められるものは

以上、振り返ってみて、これからの学生担当の大学職員に求められるものとして、以下の7項目を掲げたい。

①「学生に問題解決能力をつける技術」

学生に答えを教えるのではなく、考えさせることが大事だ。時間もかかるが、学生にヒントを与える技術も必要になってくる。

②「大学職員は常に巨耳・細口であれ」

この言葉の意味は人との会話の中では聞くことに重点を置き、話すときはほどほどにという意味と理解している。マイナス情報をしっかりと聞き、異変を見逃さない能力が必要だと思う。

③「雑談する力」

雑談は人間関係の潤滑油である。私自身も雑談は好きだし、学生たちとよく話す。たとえば私の興味のあるシベリアについて学生たちに雑談すると、彼らはみな興味を示してくれ、いつしか信頼関係が生まれる。こうして学生たちからつけられたあだ名は「ソダッチー」。こういった関係から学生たちは生きる力を学ぶ。雑談を侮ることなく話せる力を養うことは大事なことである。

④ 学生の「生の声」を聞き、学生が「主人公」であるという発想の徹底

学生担当職員が学生目線で物事を捉えられなければ失格である。学生の「生の声」を捉え、どう具現化できるか、大学職員の力量が問われる。

⑤ 大学の財政状況を知る

学生担当といえども、大学の財政に疎いというわけにはいかない。実際に専任職員から派遣や非常勤職員が増えている。大学の財政状況を踏まえてこその企画でなければ実現性は薄い。大学の事情をしっかり把握しそれぞれ個人が努力していくべきであろう。

⑥ 大学の新しい社会貢献はなにかを考える力

ボランティアはもとより、新たな社会貢献はなにか企画できる力が学生担当職員には必要であろう。たとえば「学生とともに地域交流を意図した取組み」を企画する。

大震災以降、大学と地域の共存が模索されているが、東海大学では近在する消防署と提携し、クラブ活動に勤しむ学生を中心に、災害救援ボランティア講習会を計画し咄嗟の応急措置などできるよう訓練している。地元のお年寄りも若者がまず動いてくれると安心であるし、学生たちも修了証を発行するので、就職に有利となり双方のメリットとなる。また地元の商店街と大学のスポーツと組み合わせ振興を図ったり。工夫すればいくらでも新しい社会貢献が生まれる。その企画発案能力も必要である。

⑦　寄付行為、奨学金など新しい設定を考える

同様に、新しい奨学金を考える力も必要である。今、学生たちは本当に苦しんでいる。日本学生支援機構の奨学金問題もさることながら、進学ローンなど在学することで多額の借金を背負うことになる。また、なかには奨学金を保護者が管理し生活費になるという学生もいる。もっといろいろな奨学金制度を充実させてもよいのではないか。またそれぞれ建学の精神に基づく、夢の持てるような奨学金を工夫してもよいのではないか。東海大学でいえば「若きに汝の希望を星に繋げ奨学金」とか、いろいろなキャッチフレーズで興味ある中身のある奨学金を作るのも大切なような気がする。

最後に

これは学生担当職員に限らないことだが、教員は「専門教育」、職員は「人間教育」に、重点をおいて活動していくことが大事と考える。これからは職員は教員の補助的仕事をするのではなく、ここで言う職員が学生たちの人間教育を請け負う。人間教育とは、市民として、社会人としてどうやって生きていくかということを学生たちに身につけてもらう。それは、「人間とは何ぞや」「生きるとは何ぞや」「働くとは何ぞや」「人を愛するとは何ぞや」ということを学生たちとしっかり議論するところから始まると思う。今日の大学は、こうした人間教育と専門教育の両輪で動いていくものだと考える。

その根底には、大学職員個人個人が大学を変えていくという気概を持って職務にあたることが大事であり、このような元気な職員がいる大学程、大学改革が進み、新しい機軸を打ち出していくのだと確信している。

2　薬物汚染から学生を守るために

『大学と学生』平成19年11月号　第47号

1　はじめに

２００８年は大学関係者にとって、大麻汚染の恐怖に戦々恐々の年だったのではないでしょうか。次々と明るみに出たキャンパスにおける大麻事件は、薬物が、学生でも実に簡単に入手できる時代になったことを改めて認識させられました。しかも法の盲点を突きながら、ネットを通じて海外から種子を輸入するといった、従来とは異なった流通経路が拡大していることも驚きでした。

警視庁の調べでは、２００８年10月末現在の大麻による検挙者数は２１５０人。過去最悪といわれた２００７年度が３２８２人、それを上回る勢いです。その背景には、ネットを通じて簡単に種子が輸入できるなど、ネット社会の弊害が指摘されています。さらに、大学の国際化によって、留学生や留学経験者などを通じて大麻がキャンパスに流通するようになったなどの見方もあるようです。

しかし、一連の事件の根っこには、「大麻はタバコより害が少ない」「大麻は合法化されている国もある」といった誤った認識や、そうした大麻擁護論や社会風潮を拠りどころにして、大麻を安易に容認している学生の意識の低さにあります。キャンパス大麻事件で検挙された学生の中には懲役6カ月、執行猶予3年の判決があり、退学処分になっている者もいます。大麻くらいなら、などと高をくくっているとしたら、この事実をどう受け止めるのでしょうか。安易な気持ちで大麻に手を出せば、懲役刑の犯罪者に転落するばかりでなく、取り返しのつかない汚点を人生に残すことを想像してほしいと、学生諸君には強く訴えたいと思います。

法律の整備はもちろん必要ですが、大麻をはじめとした薬物の害を、若者たちにしっかりと認識させることが必要であり、大学としてできることは、直ちに始めるべきでしょう。同時に、薬物のようなものに依存しない生活態度を育んでいくこと、薬物に対する教育を初等教育の段階から徹底することが大切だと思われます。

2　薬物撲滅への東海大学の取組み

東海大学では、2001年、全国の大学に先駆けて、教学部に学生のキャンパスライフをサポートする総合相談窓口として学生生活支援室を開設。2002年度から本格的な活動を開始し、特に悪徳商法に対する注意呼びかけなど、学生へのさまざまな啓蒙活動の一環として、薬物や大麻の乱用防止についても積極的にキャンペーン活動を展開してきました。学内では、学生の健康管理を預かる「東海大学健康推進センター」（当時保健管理センター）と連携、また、学外では地元の秦野警察署と連絡を取り合いながら、ドラッグの撲滅を呼びかけてきました。

幸いにも、これまで不祥事には至っていませんが、昨今のキャンパスにおける大麻汚染の状況をみれば、その危険性と無縁な大学などあり得ません。それだけに、さまざまな機会を通じて、きめ細かい対応が必要と考えています。

学生生活支援室での、これまでの主な取組みを紹介しておきます。

(1)　学生への啓蒙活動

①教学部学生生活支援室が編集・発行する在学生向け学生生活支援情報誌での啓蒙

・小冊子『CLIC　NAVI』（A5判8頁／年2回発行）でドラッグ特集
　「無関心ではいられない！　あなたにも迫るドラッグの恐怖」（2004年12月）
・学生生活支援室『相談対応事例集』（A5判120頁／毎年度1回発行)で、合法ドラッグおよびドラッグに関する相談事例を掲載（2005年4月より毎年）
・学生生活支援情報誌『BaBニュース』（A4判8～16頁／年6回発行)でドラッグ特集
　「NO　DRUGS！　手を出す前に読め！」（2005年10月）
　「身近に迫る大麻の恐怖　好奇心でも犯罪です」（2008年12月）

②教学部での学内啓蒙活動

・新入生オリエンテーションでの呼びかけと注意・冊子配布(毎年度4月)
・大麻防止ポスターの掲示(A2判ポスター／2008年12月)

③教学部学生生活支援室と東海大学健康推進センターが連携した「クイック講座」で薬物の恐ろしさを在学生に啓蒙（2005年7月より毎年度）

「魔薬になる麻薬　あなたに迫るドラッグの恐怖」（保健師による講演）

(2)　保護者への啓蒙活動

①教学部学生生活支援室と校友課（後援会）が連携した保護者への啓蒙活動

・新入生保護者を対象とした「東海大学近況報告会」を全国28地区（2008年度）で開催。その折に学生生活の注意点として、保護者にも薬物への意識を高めてもらう

・新入生保護者に、学生生活支援室『相談対応事例集』を配布

②保護者向けの校友会誌『東海』での啓蒙

このように、2004年頃から、薬物やドラッグ防止について重点的に啓蒙活動を展開してきました。それは、合法ドラッグといわれていたマジックマッシュルーム、「エクスタシー」などの俗称で知られる化学合成薬物MDMAの急速な乱用拡大が背景にありました。

マジックマッシュルームは、アルカロイド系のシロシンなどの成分を含む幻覚性キノコで、麻薬取締法の規制外であったため「合法ドラッグ」などと呼ばれ、都心の街頭などで大手を振って販売されていました。しかし、幻覚状態での事故などが多発したことから2002年に「麻薬及び向精神薬取締法」の麻薬原料植物に指定

され、所持・譲渡・譲受すれば7年以下の懲役刑などで罰せられるようになったものです。

しかし、その後も「合法ドラッグ」といわれるものは後を絶たず、さらにお菓子やサプリメントのように色がカラフルで、「痩せられる」など女性のダイエット志向などにつけこんで一気に広がったのがＭＤＭＡです。ＭＤＭＡの押収量は、２００２年の１７万４２４８錠から、翌２００３年には３９万３０６２錠に増加したほど。学生や若者が出入りする渋谷、新宿といった都心の繁華街はもとより、横浜、町田といった周辺都市にも広がり、しかも街頭やいわゆるクラブ、さらにはネットなどで手軽に手に入るまでに拡大していきました。

ＭＤＭＡの恐さは、覚せい剤と似た化学構造を持つことから、中毒や依存性が高く、大量に摂取すれば死亡もあることです。こうした薬物による汚染をキャンパスに持ち込まないためにも啓蒙活動が不可欠でした。

3　昼休みを利用した「クイック講座」や保護者への啓蒙

学生に対しては、冊子やチラシの配布、学内広報誌等での啓蒙を中心に展開しましたが、関心を持つきっかけになってくれればと、お昼休みの30分を利用して、健康推進センターの保健師に講師になってもらい学生生活支援室で「クイック講座」も開催しました。これは、学生たちのドラッグへの関心を喚起したという意味で効果的だったようです。

この時期には、学生生活支援室の相談でも、「合法ドラッグって何が合法なのですか」とか「脱法ドラッグって何ですか」など、素朴な疑問をぶつけてくる学生もありました。さらに、東海大学ならではの取組みとしては、校友課と連携した保護者に対する啓蒙活動が挙げられます。

東海大学では、学生の保護者による後援会という組織が各県、海外も含め51地区に組織されています。在学生の保護者の皆さんが自主的にボランティアで活動しているもので、大学の教育・研究への支援、各種スポーツなどの応援、保護者同士の親睦などの活動を展開しています。

これは、大学の教育は、大学だけではなく、大学と学生と家庭が三位一体となって初めて成果をあげることができるという、創立者・松前重義博士の思想に共鳴した保護者の皆さんが、各地で自主的に活動を始め、すでに半世紀近い活動の歴史をもつものです。各地区の後援会では毎年9月に総会を開催し、決算・予算も含め活動のまとめを行いますが、その折に、大学からは教職員が各地を訪問し、来場した保護者一人ひとりと面談し、子女の成績状況の相談や就職、学生生活相談などに応じています。この機会にも大学からは、特に注意を喚起すべき問題については、保護者の皆さんに呼びかけています。

また、後援会の新入生の保護者の皆さんには5、6、7月の土日を中心に学生生活支援室と校友課の職員が要望のあった地区を訪問し、大学の「近況報告会」を開催。この場では、学生生活支援室のスタッフが講演し、薬物に対する保護者の意識を高める呼びかけも行っています。

保護者の皆さんと接して感じるのは、「自分の子どもに限って」とか「自分の子どもとは縁のない話」として、ドラッグの話題を遠いことのように認識していることです。私たちの警告に、誰もが、そういう薬物の危険にさらされている時代であることを再認識し、改めて驚かれる方は少なくありません。「親元を離れている息子に早速メールして注意を呼びかけました」という反応の早いお母さんもいたほどで、大切なのは、保護者の皆さんと危機感を共有することなのです。

4　大麻は脳の中枢に悪影響を及ぼす

こうした取組みが奏功しているのか、2008年に起きた大学キャンパスに広がる大麻汚染においても、検挙者を出すといった不祥事に至っていないことに、ホっと胸をなでおろす日々ではあります。広報関係や学生生活関係の大学教職員の皆さんと顔を合わせると、「オタクは大丈夫?」などという会話が挨拶代わりになっているようでは情けない限りですが、学生生活を支援する立場にあるものとしては、さまざまな機会を通じて、大麻の危険性を呼びかけていくほかはありません。特に新入生のオリエンテーションでは、しっかりと大麻の害を認識させるべきでしょう。

残念なのは、相変わらず「大麻擁護論」がネットなどを通じてまかり通っていることです。「大麻はタバコより害が少ない」「医薬用に使われている」「海外では合法の国もある」などなど。さらには、「マリファナが偉大なロックミュージックを生み出した」「大麻を吸うのはカッコイイ」など、大麻を文化やファッションと関連付けて擁護する意見もあります。

私は団塊の世代の一人ですが、青春時代に享受した60年代末から70年代の音楽や芸術は、ロックやジャズ、ヒッピームープメントから反戦平和運動に至るまで、ほとんどがマリファナやドラッグと無縁ではありませんでした。しかし、その後そうしたミュージシャンやアーティストはどうなったか。非業の死を遂げたもの、ドラッグ中毒を克服するため、全てを失ったものなど枚挙にいとまがありません。こうした事例を語ることができるのもわれわれ世代の特権です。団塊オヤジからのメッセージとして声を大にして言したいものです。「ドラッグはカッコよくない」「ドラッグにおぼれる人生はみじめである」と。

最後に、東海大学教学部学生生活支援室が発行している学生生活支援情報誌『ＢａＢニュース』に掲載した記事を抜粋させていただきます。

それは、東海大学健康推進センター所長（医学博士・理学博士）の灰田宗孝先生に大麻の害について、インタビューした記事です。灰田先生は「大麻は脳の中枢前頭前野に悪影響をおよぼす」と大麻乱用に警鐘を鳴らされています。

「大麻の主成分であるＴＨＣ（テトラヒドロカンナビノール）は、脳の前頭葉の中の前頭前野と言う部分に影響します。前頭前野は、額の裏側あたりにある脳の中枢的な役割をしている部分で、物事を考えたり、やってはいけないことを判断する働きをし、挑戦する気持ちや、やる気などもここから出ています。

つまり、人間が人間らしい生活をするのに最も重要な部分です。この働きが鈍ると、危険だと分かっていても、大麻から手を引くという道徳的な判断ができず、やがて、身体を破壊する危険な薬物にも平気で手を出すようになります。やる気がなくなれば、思考力の低下につながり、成績にも影響が出てきます。

また、ＴＨＣは、一度吸引すると3～4週間体内に残留するという特徴があり、その間、徐々に減少しながら精神に刺激を与え続けますが、それがなくなると、うつ状態を引き起こします。

その結果として、再び大麻に手を出し、常に刺激物が体内にないと生活できないようになり、精神的な依存を引き起こすのです。つまり大麻は、軽率に手を出せば人間性を破壊する危険な薬物と言えます」

（『ＢａＢニュース』67号（２００８年12月８日発行）／特集「身近にせまる大麻の恐怖」より）

3　学生生活支援室ＣＬＩＣの活動

1　学生生活支援室の設置と経過

東海大学の在学生約3万人のうち、留学生も含め約2万1400人が湘南キャンパスで学んでいる。2002年当時これら学生たちのキャンパスライフを支援するため、従来は教学部各窓口(履修・成績、転部・転科、課外活動、アルバイト、アパート、学費・奨学金、その他)、資格教育課、健康推進センター、スポーツ教育センター、総合情報センター、キャリア支援センター、国際学術教育課など、各専門部署が個別に学生の相談に対応してきた。

しかし、ここ近年、学生の多様化、ニーズの多様化などから、学生の個別の相談に的確に対応していくには、学生一人ひとりの事情を見極めながら、相談内容にふさわしい専門部署に案内する総合的な相談・案内窓口が求められるようになってきた。同時に学生たちが抱える問題は多様化し、一部署のみでは解決できないケースも多く見られ、それらを総合的に判断しながらサポートしていくネットワーク支援態勢が必要となってきた。

実際に、学生たちは自分が抱える問題解決のために、どの部署を訪ねればよいか迷うケースも多く、場合によっては各部署をたらい廻しにされてしまうケースもみられる。事務部各部署においては、専門的な相談内容以外での学生対応で本来の業務に影響が出ることもあった。そうしたことから、学生への支援体制の強化、的確な部署の対応によるサポート業務の迅速性、効率化、専門性の向上、総合的かつ継続的な支援を図るため、２００１年10月、東海大学学生生活支援室ＣＬＩＣ(Campus Life Information Center)を湘南キャンパスに開設、半年間の準備期間を経て、翌２００２年4月、全国の大学に先駆けて、学生相談の支援活動を本格的にスタートさせた。

開設以来の支援室の姿勢は、学生たちの目線であらゆる相談、案内を受け入れる、いわば「よろず相談所」に徹するということで日々、活動している。

当初、スタッフは3名にアルバイト1名でスタートしたが、現在は1名増員となっている。開室時間は原則的には月曜日から金曜日の9時から17時。土曜日は9時から16時までとなっている。

当然であるが、出入り口は開放したままである。

学生支援室 CLIC の入りは常に開放している

室内の広さは１２０平米で、受付・案内・相談カウンター、相談コーナー、「いつでも自由に利用できる」パソコンコーナー(デスクトップ・パソコン5台設置)、個別面談室 2室、学内刊行物コーナーなどで構成されている。また、室内には「瑞雲書道会」創始者豊道春海氏（文化功労者)揮毫による書の展示や、大学職員の好意によって、エアブラシを用いたイラストレーションの展示などもあり、室内全体にさりげない落ち着きを醸し出している。

それぞれのテーブルには、花や、自由に持ち帰れるポケットティシュやアメを置いたり、貸し傘制度も設けている。また音楽を流せるCDプレイヤー、テレビ及び大学連合後援会から寄贈された乗馬型健康器具なども設置しており、室内の工夫をしている。

2　相談業務内容と活動

支援室の主な業務は、相談、案内、施設利用、講座開催、法律相談開催、情報誌等の発行などであり、具体的には次のような日常業務を展開している。

①各種相談

履修・授業、成績、転部転科、休・退学、留学、資格取得、就職・進路、学費・奨学金、災害・保険、ローン、アルバイト、下宿・アパート、クラブ・サークル活動、ボランティア、コンピュータ、施設・設備利用、心や体の健康、人間関係、恋愛、家族、セクハラ、各種トラブル、大学への要望・提案、タウン情報などに関する相談

②案内

各専門部署、担当部署への案内、キャンパス案内、施設・設備案内、施設・設備利用案内、キャンパス周辺案内など

③施設・設備利用

パソコン利用、設置図書の貸し出し、文具貸し出しなど

④講座開催

昼休みの30分を利用して学内の教職員による学生生活に役立つ各種テーマで、CLIC講座（月2回）

⑤法律相談開催

各種トラブルに対し、教員(弁護士）による相談（月2回）

⑥情報誌の発行

・学生生活に役立つ情報を掲載したコミュニケーション誌『CLIC NAVI』発行(A5判8頁／学期ごと1回年2回発行)

・学内コミュニケーション誌「BaBニュース」隔月年6回発行

年度の相談対応事例をまとめたCLIC1年間の記録「相談対応事例集―自分探しの旅へ」を校友課と連携して発行、学生の保護者や教職員に配布

⑦学生モニター制度によるアンケート調査実施（学期ごと1回年2回実施）

⑧新入生保護者対象「大学近況報告会」実施

⑨小論文の書き方アドバイス

⑩笑顔の磨き方と声の出し方トレーニング

⑪面接の仕方アドバイス

3　相談業務内容の分析と考察

次に表は、年度ごとの利用状況を示したものである。

相談及び利用件数を年度別に集計すると、2002年度7787件、2003年度1万1137件、2004年度1万2280件、2005年度は1万3181件となっている。2006年度1万2774件。2007年度1万2583件。2008年度1万2008件。2009年度は1万1687件となっている。

総利用件数のうち、約半数は各種施設利用の相談や、その他の相談、室内のパソコン利用であるが、これらを除いた相談内容では、「学業・履修」に関する相談が最も多く、続いて「進路」「課外活動」「アルバイト」「奨学金」「アパート・下宿」などが続いている。また相談件数が多い時期はセメスター制度をとっているので、学期始めにあたる春学期の4、5、6月、秋学期の10、11月が特に多い。逆に夏期休暇、冬期休暇などが近づく8月、12月あたりは件数こそ少ないが、一人ひとりの相談時間が長くなり進路、就職、人生、心の問題などそれぞれの生き方に関した相談が増えてきている。この時期は時間的なゆとりが出てくるものと思われ、自分を振り返ったり、見詰め直したりする「心の変化」が起きているのかも知れない。

2年目の2003年度に増加してきたのが、悪徳商法、契約解除といった各種トラブルに関する相談である。強引な新聞契約、マルチまがい商法、訪問販売、電話による勧誘、身に覚えのない督促状(請求書)などに関するものが目立つようになってきた。

更に、3年目の2004年度後半に急速に増大してきたのが、架空請求詐欺による被害トラブルである。このような問題は少なくともマスコミで騒がれる1、2ケ月前頃より学生からの被害、相談を受けはじめている。その後も手口が巧妙化しているため被害も後を絶たず、オレオレ詐欺同様、社会問題化してきているように思われる。

また、2003年度秋学期からスタートした法律相談件数は18件、2004年度は40件、2005年度は

学生支援課（CLIC）項目別利用件数（2002.4.1～2013.3.31）

項目 ＼ 年度	2002年度	2003年度	2004年度	2005年度	2006年度	2007年度	2008年度	2009年度	2010年度	2011年度	2012年度	合計
学業	306	445	416	473	411	301	269	206	366	409	403	4,005
履修	245	224	326	451	306	319	235	320	280	247	336	3,289
転部科	96	206	160	105	92	101	90	54	48	43	53	1,048
進路	286	465	488	377	243	388	336	185	166	139	204	3,277
資格	63	58	74	50	85	54	78	46	98	68	75	749
奨学金	143	183	195	172	242	146	108	160	186	168	151	1,854
課外活動	152	241	248	165	142	159	92	76	94	83	83	1,535
アパート・下宿	122	88	125	87	87	67	39	43	56	34	15	763
アルバイト	144	105	97	106	69	64	46	33	41	57	48	810
案内	399	470	709	710	644	767	652	962	754	628	539	7,234
ひきこもり	11	11	6	3	6	3	5	5	6	2	8	66
心の悩み	73	48	43	30	29	28	19	42	26	44	29	411
異性関係	11	31	29	21	9	6	9	4	27	13	16	176
悪徳商法	18	63	120	35	27	18	13	12	9	15	7	337
契約解除	18	11	9	17	12	6	5	7	3	3	6	97
宗教問題	3	1	3	0	0	9	9	19	1	6	6	57
交通事故	14	18	27	15	9	4	4	5	10	9	7	122
その他の相談	2,656	3,742	5,483	6,421	6,457	6,097	6,646	6,448	5,845	7,291	7,921	65,007
パソコン利用（CLIC内）	2,772	4,164	3,052	3,178	3,218	3,132	3,048	2,706	2,492	2,172	1,569	31,503
クイック講座	94	313	208	147	106	192	88	118	228	395	334	2,223
法律相談		18	40	21	12	15	4	15	28	33	13	199
保護者来室数	161	232	427	601	579	708	217	226	164	218	326	3,859
合計	7,787	11,137	12,285	13,185	12,785	12,584	12,012	11,692	10,928	12,077	12,149	128,621

200件となっていて、相談内容もこれらの諸問題と連動している事が窺える。ただ、学生にとって、「法律相談」窓口そのものは行列こそできないものの確実に定着してきているように思われる(この法律相談は、本学の法律学科の弁護士資格を持つ教員のボランティアで月2回行われているものである)。

これらの法律相談については、内容に応じてクーリングオフの手続きのアドバイス、消費者センターなどへの案内などを通して、迅速に対応して被害の拡大を防いでいる。また、これとは別に並行して年6回の学内コミュニケーション誌「BaBニュース」や、大学の保護者向け季刊誌「東海」に特集記事を組んだり、月2回お昼休みの30分間を利用した公開講座「クイック講座」を企画し、学生の危機管理に対する注意喚起や対策などを講じてきた。同時に、所轄の消費者センター、警察署の専門家による講演なども合わせてお願いし、学生の意識の向上に努めてきたが、学生のあまりにも無防備な対応に対し、大学としても早急な対策や啓発活動の展開が必要となってきている。

また、2002年から今日まで8年間にわたって、保護者を対象とした後援会を組織している「校友課」と連携し、支援室における1年間の相談記録をまとめた「相談対応事例集」を作成し、新入生の保護者に配布したことで、保護者にも支援室の存在や役割が浸透しつつある。保護者の来室数も、2002年度161名、2003年度232名、2004年度427名、2005年度601名、2006年度579名、2007年度708名、2008年度217名、2009年度226名と、相談・訪問などが数字からも身近なものとして、確実に理解されつつあることがわかる。

入学して間もない新入生の保護者に対しては、学生生活における諸問題に対する不安の解消を図ると共に、複雑化した変化の早い社会情勢にいち早く対応してもらえるよう「大学近況報告会」を、5、6、7

月の3ヶ月間を中心に企画し、2002年度は1県4ヶ所、2003年度1県3ヶ所、2004年度7県10ヶ所、2005年度17県21ヶ所、2006年度25県26ヶ所、2007年度21県25ヶ所、2008年度25県28ヶ所、2009年度28県32ヶ所と会合を重ねてきたところである。

また、支援室のような独立した学生支援のためのセンターを開設している大学は全国的にはまだ少なく、他大学や関係機関からの視察や問い合わせなど、また、マスコミなどの取材も年々増えてきている。

長引く日本経済の低迷は、大学のキャンパスにも如実に影を落としており、2007年8月アメリカのサブプライムローン問題に端を発した、世界同時不況の影響も日本経済に更に追い討ちをかけており、ますます厳しい現実を向かえつつある。保護者の経済的な支えがなくなり、学業の継続が困難になったと相談に来る学生も多くなってきている。また、家計を心配して、保護者の経済的な負担をできるだけ軽減させたいと、真剣にアルバイトや奨学金の相談に来る学生もいる。第二次大戦後の「昭和の苦学生」から今新たな「平成の苦学生」が生まれつつあると言っても決して過言ではないだろう。

その一方で増加の一途をたどりつつ、大きな社会問題となってきたのが、学生も社会の一員であるという自覚に欠けていたり、自立していない学生、世間知らずな学生、孤独や不安に対する忍耐力が足りない学生の出現であろう。悪徳商法や出会い系サイトでの各種トラブル、安易なアルバイトで被害にあうケースなどは、これらのタイプの学生であることが多いのではないかと心配している。

こうした学生たちと接しながら、支援室が学生対応の基本姿勢として掲げてきたのは、「よく話しを聞き、学生と共に悩み考える」「思いが伝わる言葉で話す」ということである。

支援室の役割は、総合的な相談・案内窓口であり、相談内容に応じて適切な専門部署へ学生を案内することであり、また同時に、学生が何を求め、何を欲しているのかを把握し、問題解決にふさわしい部署へ案内することでもある。こうした支援室の12年間を振り返ってみると学生の多くが、支援室で話を聞いてもらうことで、安心し、ほぼ問題が解決してしまうケースが少なくない。ここに現代の学生のある一面が現れていると思われる。いつの時代も同じなのかも知れないが、学生の多くは誰かに自分の話を聞いてもらいたいのである。「親に話そうと思ったが聞いてもらえなかった」といって相談に来る学生もいる。「友達にはこんな話はできない」という学生もいる。学生たちは、利害の発生しない立場で親身に話を聞いてくれる「誰か」を求めており、いわば「よろず相談所」的な性格を持った支援室の役割がそうした学生たちに心を開かせ、気軽に話せる場所として受け入れられたのではないかと考えている。

今日の学生たちの特徴のひとつは、コミュニケーションが苦手であると言われている。就職活動においても、企業が求めている学生像は、最近はコミュニケーション能力と会話力を優先している。以前よりは少なくなってきたが、例えば相談に来る学生を見ていると視線を下に向けたまま話す学生もみられる。私はこれを「ゲームボーイ機器の目線」と名付けているが、多くの学生がゲームボーイのコントローラーを見ている視線で人の顔をなかなか見ようとしないのである。この世代の学生は子供のころから、ゲームボーイやパソコン等で育っているので、無理もないと思われる。そうは言っても昭和最後の学生、所謂、ゆとり教育の最初の学生や、平成1期生、平成2期生などの学生が入学してきて、少し流れが変わりつつあることにも気づかされるようになってきた。また、大学教育に携わっている教職員も、この現実を直視し、もっとコミュニケーション・スキルを高めていかなければ、今の学生との円滑なコミュニケーションは難しいと言えるのではないか。

その第一歩としてできること、それは親身に話を聞くということから始まる。「聞く」から「聴く」へ、支援室では、今後も学生対応の基本として「聴く」ことを心がけていきたいと考えている。そうは言ってもすでに学生気質はあっと言う間に「さとり世代」といわれるように変わりつつある。

4　法律相談内容から見えてくる現代学生事情

ところで、前述した法律相談内容から特徴的な傾向を見出すには十分な件数とは言いがたいが、２００２年度から２００９年度までの８年間の学生生活支援室全体としての法律関係トラブルの件数８１３件とその内容について、どのようなトラブルがあったのか抜粋ではあるが列挙してみたい。

①トラブル・事件・事故関係（抜粋）
・アルバイトをしたが、アルバイト代を払ってもらえない。
・他大学の学生(友人)にお金を貸したが、1年近く経っても返してもらえない。
・日刊新聞の勧誘にあい、印鑑を2年分押してしまった。
・ある講習会に勧誘されたが、断りたい。
・隣人の奥さんに特殊な新聞の購読を頼まれて困っている。
・自転車で子どもをひいてしまったので相談にのってほしい。
・他人に間違えられて、恐喝の被害にあってしまった。
・大学の部活動指定のアパートに入ったが、事情があって引越ししたら残りの部屋代を請求された。
・アパートの住人が前からよく騒ぐので、管理人を通じて何回も注意してもらうが、なかなかうまくいかない。

- 学外の女性と交際していたが、トラブルになり困っている。
- ワン切り電話で高額な料金を請求されたが、どうしたらよいか？
- アパートの隣人がうるさくて困っている。特に音楽の時が一番うるさい。
- 携帯電話に間違い電話が入ったので、切ろうとしたら、ある高額のセールスが始まった。一応電話を切ったが、今後が心配だ。
- 入学後、ある新聞と定期購読を2年間かわしたが、更にもう2年間契約しろと言われ困っている。
- 友人と下宿近くの食堂で夕食をとっていたところ、その友人の知人と称する人が来て、宗教に入らないかとしつこく勧誘を受ける。ハッキリと断ったが、今後のこともあるので相談に来た。
- どうも自分のアパートの室内に盗聴器がしかけてあるような気がするので相談にのってほしい。
- アパートに戻ったら2階から水が漏れていて、布団などが水浸しになっていた。聞いたところ、トイレの水という事で、この際下宿を変わりたい。
- 隣の住人から、騒音がすると言って、自分の部屋に入ってくる。どうしたらよいか？
- クーリングオフをしたが、今のところ、何の連絡もこないので逆に心配だ。
- バイト先で車にぶつけられた。加害者は誠意のある人だが、これからどう対処していけばいいのか？
- 自己開発セミナーに参加している友人からセミナー参加を誘われているが、友人をそこから離したい。
- 友人が高額の商品を買ってしまい、毎月の支払いで苦労している。親にも相談できずにいるのでどうしたよいか？
- 子供から電話があり、ある会社から「研究室からの紹介でパソコン機材を購入してほしい」と連絡があり、契約したが、不安に思いクーリングオフ制度を利用した。悪徳商法らしいので大学も気を付けてほしい。（保護者）
- 語学教材の契約をしてしまった。クーリングオフをしたい。
- 新聞の勧誘があって、押し切られる形で、1年契約をしたが、やめたいので何とかならないか？

・出会い系サイトを申し込み、使ったポイント分は支払ったが、使っていないポイントの請求も来てしまって困っている。
・手紙による架空請求が来た…。
・カードの利用明細書に自分が使っていないものが記載されている。
・サイトの入り口に入っただけなのに契約になった。どうしたらよいか?
・携帯電話に不明の請求が来た。身に覚えがないのでどうしたらよいか?
・以前、交通事故の件で相談に来たものだが、事故証明書類の作成のことで相談にのってほしい。
・携帯電話を使っていたら、勝手に利用者登録されてしまい料金を請求された。
・友人のアルバイト先が倒産してしまった。かなりの給料が未払いなので困っているようだ。
・先日、消費者管理センターを名乗る団体から、負債があり、それが債務移譲され大変な問題になるとの連絡があった。2年前に退会した団体があるが、心当たりは他にはないので、どうしたらよいか?
・英会話教室の勧誘にのってしまい、説明会に出席してしまった。契約はしなかったが、その後、自宅に多数の資料が届き困っている。
・携帯電話に英会話学校からの勧誘の電話がしつこくかかってくる。どうにかならないか?
・空き巣に入られたが、どこに届け出をすればいいのか?
・朝、交通事故にあってしまった。親が大学の保険に入っていると言っているのだが。
・友人がマルチ商法にはまってしまい、私にもしきりに、勧誘するので困っている。
・オートバイに乗っていて事故を起こしてしまった。相手が保障を要求してきたが任意保険に入っていないのでどうすればよいか?
・携帯電話に使っていない使用料の催促通知がきた。どうしたらよいか?
・デート商法と思われる誘いの手紙が届いた。

・携帯電話に料金請求がきてびっくりしてしまい、個人情報を流してしまった。その後、督促の電話が何度もかかってくるようになり大変困っている。
・ネット上で中傷され、困っている。
・ある会社の社員が突然アパートに来て、説明会に来ないかと勧誘された。仕方なく電話番号を教えてしまったので、今後面倒なことにならなければよいか、心配だ。
・携帯電話に有料サイトからの請求がきたがどうしたらよいか？
・資格商法と思われる業者と契約したが何とか解約したい。
・ボディースーツのクーリングオフをしたい。
・盗まれた原付バイクが事故を起こし、相手から修理代を請求されている。どうしたよいか？
・人に原付バイクを貸したが、事故をおこしてしまった。持ち主に管理責任があると言われて困っている。
・交通事故に遭って示談交渉を行っているが、自分の保険代理店がしっかりとした対応をしてくれず困っている。
・ある資格が取れるという事で新宿にある会社に呼ばれているが、心配なので相談に来た。
・車購入の際、いくつかのトラブルに巻き込まれてしまったので相談にのってほしい。
・街中で見知らぬ青年に声をかけられ、ずっと後をつけられた。心配なので相談に来た。
・ストーカーまがいの電話が入ってくる。無言であったり有言であったりして大変気持ちが悪い。相談に乗って欲しい。
・原付バイクを盗まれてしまったが、そのバイクが人身事故を起こしてしまった。賠償責任があるのか心配だ。
・学習塾がアルバイト料を払ってくれない。どうしたらよいか？
・日刊新聞の販売員が購読を勧めてきたが「我社はクーリングオフ制度はやっていないので契約破棄はできない」と言う。どう考えてもおかしい。
・オレオレ電話が実家に入ってきた。母がおかしいと思って対応したため被害はなかったが、何人かの友人の家にも同じようにあったらしい。名簿が流失しているのだろうか。

以上、このような法律がらみとも言えるようなトラブルが、学生の日常生活の中にごくあたりまえに忍び込んできているのがわかる。またこうしたトラブルの中から、ある程度学生の行動、現代社会の特徴、社会と学生の関わり方なども見えてくるのではないかと思われる。

② トラブルは社会情勢を反映している

架空請求詐欺による被害トラブルは、ここ4、5年前に急速に増大した社会問題である。その手口も巧妙化しているため被害も後を絶たず、学生生活支援室の一般相談の中で最も多いトラブルであり、そうした意味で、現代の社会清勢を反映している問題といえる。

しかし、マスコミや学生生活支援室の学生向け広報誌などを通じて再三警告しており、ある程度社会的な関心があれば、十分対処もでき、被害を未然に防止できる問題でもあるはずである。しかし、いざ自分に降り懸かってきた時、適切に対処できないという点に学生の社会的な経験不足が現れており、社会全体がまだまだ個人情報の管理にあまりにも無頓着な姿が窺える。

③ 個人情報の管理に注意力の欠如

裏社会の経済活動が通常の経済活動や企業活動、ボランティアなどを装って市民社会を巻き込もうとしているのが現代社会の特徴である。ネット詐欺や架空請求が横行する背景には、全てとは言わないが個人情報の裏社会への流出があり、安易に契約などを結び、それを開示すればたちまち裏社会に流失してしまうという実態を大人も学生も社会常識の一つとしてもっとしっかり把握すべきであろう。

「うまい話には気をつけろ」とは昔からよく言われていることだが、「楽をして稼ぐ・儲ける」といった易きに流れる風潮が大人や学生にないとは言えない。その傾向がネット詐欺や架空請求トラブルの背景にあり、裏社会のプロ達の餌食になっているのである。こうした問題を未然に防ぐには、単にトラブル防止への警告だけでは不十分であり、就職部あるいはキャリア支援センターとは別の側面から「仕事とは何か」「働くとは何か」と言った仕事観、職業観の育成がフリーターやニート対策も含めて、今後はもっと必要になってくるのではないだろうか。

同時に現代社会が契約社会であり、社会生活を営む上では契約が付き物であること、そのためには個人情報を開示しなければならないこと、またそれを個人自らが守る意識が大切であることなどを、入学後出来るだけ早く学生たちに認識させることが必要であると思われる。

④　コミュニケーション能力と会話力の不足

現代の学生気質としてコミュニケーション能力と会話力の不足は、法律相談の内容からみても十分指摘されることである。例えば、アパートの隣人とのトラブルでは騒音などに起因しているものの、双方のコミュニケーション不足から結果的には殴った、殴られたといったトラブルに発展しているものもある。また、会話力の不足から、交通事故で感情的なすれ違いから慰謝料の請求に発展したケースなど、相手に自分を理解してもらう、他人の話を聞く、といったコミュニケーションの基本的なことがしっかりできていれば、大きなトラブルに発展する事にはならなかったと思われるケースも少なくない。

また、自ら問題やトラブルを解決しようとする努力をしないで、あるいは解決の糸口をつかめないままに、すぐ第三者に委ねてしまう、あるいは自分よりは強い立場にある者や機関に代弁させるといった責任回避の傾向が見られることも最近の特徴である。その証拠に、法律相談に訪れる学生の中には、かなりの学生が裁判の仕組みを充分に知らないでただ訴えたいとか、裁判に持ち込みたいと短絡的に依頼しようとする傾向がみられる。その一方で、学生だけが注意していても避けようのない場合もある「すぐ切れる」といわれる現代社会の独特の傾向である。子供から大人、老人まで「すぐ切れる」人間を相手にした時は、もはやコミュニケーションは成立せず、思わぬ事件に発展する事もある。

今日のような閉塞感の強い社会では、自分勝手、身勝手、自分さえよければといった、人や人生を馬鹿に仕切った生き方や世をすねた人間が横行し、正論や正義がまかり通らぬことがあるのも事実である。また、トラブルの多くは人が介在する問題であることを考えると、このコミュニケーション能力、あるいは人付き合いのスキルとでもいうものを涵養することが大きな課題になってくる。

⑤　赤の他人とどうつきあうか、社会の一員としての自覚

相談内容のトラブルの舞台になっているのは、アルバイト先や、交通事故等の現場、ネット上、アパートや下宿などが主である。これらの舞台はいずれも一人の学生を「学生」や「クラスメイト」「友人」として認識してくれるキャンパスという親しい空間ではなく、ただの赤の他人や、若い労働力として処遇される厳しい現実社会そのものである。恐らく学生たちは、トラブルを通じて現実社会とはじめて向き合うことになるのではないだろうか。

そうした意味で、この経験を自らの糧としている学生にとっては、トラブルをプラスにすることができるが、現実を受け止めようとしない学生にとっては、再び同じようなトラブルに出くわすことになるだろう。いずれにしろ、家族や友人や教職員といった自分を保護してくれる人々だけでは人生は成り立たないことを、社会の仕組みや人生とは何かと言った問題を通じて知らしめていく必要があるように思われる。

法律相談内容から読み取れる事柄は決して多いわけではない。しかし現代社会の世相や風潮を反映し、その悪しき傾向の芽が少なからず見られることも確かである。恐らく法律相談などを通して、表に現れないトラブルや悩みを抱える学生は、もっと多くいるのではないかと考えられる。「自己中心的」「すぐ切れる」「群れで行動する」「コミュニケーション能力の低下」「刹那的」など現代の学生や若者を評するときによく使われる傾向は、法律相談の内容からも程度の差こそあれ読み取ることができる。

しかし、それは学生や若者だけの風潮ではなく大人の社会にも蔓延している日本の社会的な現実である。だからこそ、今一度、学生たちは現実を直視しなければいけないし、また、そのことを見つめる場、機会の提供こそが今必要なのではないだろうか。

「人とは何か」「社会とはどのような仕組みになっているのか」「働くとはどういうことか」「お金とは何か」「人を愛するとはどういうことか」と言った、やさしく語ろうとすれば難しいが、生きていく上で極めて基本的なことに出会う場所や機会の場が、この学園生活の中にあるのである。それは、教科書や参考書の中ではなく、如何に生きるのかという人生の実践の内容にこそあるのは当然のことである。また、その内容を提供していくことも学生生活支援室の大切な役割の一つだと考えている。

5　季節によって相談内容が変化する

学生の相談内容を年間を通してみてみると、あたりまえと言ってしまえば、それまでだが、季節によって相談内容に変化がみられる。本来は悩み事やトラブルなどは、季節に関係なく起きているはずだが、それが不思議と季節によって変化しているのがわかる。

年齢から言ってもすでに社会の枠組みの中にしっかりと組み込まれている学生にとって、これらの事は何を物語っているのであろうか。

学生生活支援室の8年間の利用件数は平均して1万2～3000件位となっているが、特徴的だったのは2004年度で、特にこの年は、社会的には架空請求など各種勧誘に関するトラブルがかなり目立って起きた年であった。そのため、4月から主だった相談内容を順を追って記してみたい。

次ページの東海大学学生支援課月割利用状況を示した表もわかるように、4月、5月、6月、9月、10月の学期始めに相談が多く、学期末になるに従って減っていく。また、月別の相談内容を見ていくと、一つの傾向と学生たちの心の内面がみえてくる。

4月

・新入生は時間割の作り方やWeb履修登録の仕方など履修に関する相談が中心。

・在学生は秋学期の成績の結果が出た直後であるだけに、成績に関する相談、それに伴う転部科、休学、退学などの相談が多い

・就職活動から派生する相談　・留学希望・奨学金やアルバイトに関する相談　・この時期落し物をする学生がかなり見受けられる。

5月
・転部科の相談　・就職活動における相談
・海外留学に関する相談　・恋の悩み相談
・クラブ活動に関する相談　・架空請求や各種勧誘に関するトラブル

6月
・転部科に関する相談　・小論文の書き方などの相談　・落し物の問合せ
・奨学金の手続きに関する相談　・下宿・アパートに関する相談
・架空請求に関する相談　・交通事故関係トラブル

7月
・転部科に関する相談　・各種資格に関する相談　・奨学金に関する相談
・海外留学に関する相談　・アルバイトに関する相談
・夏期休暇の過ごし方に関連した相談

8月
・休暇中であるため時間に余裕がでてくるのか、自分をみつめる事や生き方、心の悩みに関する相談が増える。

9月
・春学期の成績結果に関する相談　・転部科に関する相談

10月
・各種資格に関する相談　・架空請求に関する相談　・風水害、地震等の災害に関する相談

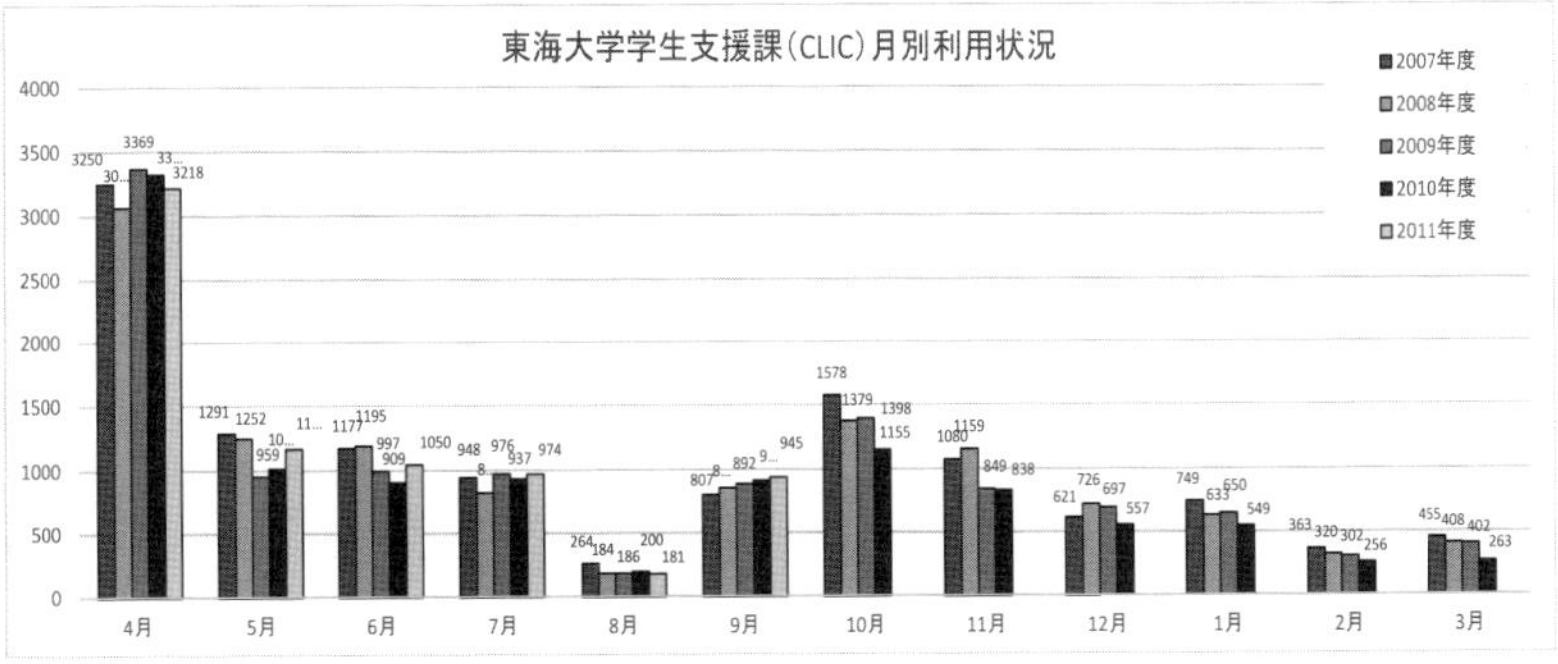

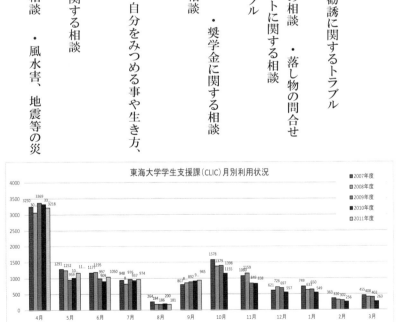

・自分をみつめた結果、進路や生き方についての相談　・恋の悩み相談

11月

・小論文の書き方についての相談　・落し物の問い合わせ　・交通事故等のトラブル

・アルバイト情報の問合せ　・人間関係、人生についての相談

12月

・卒業論文や就職など進路に関する相談　・架空請求に関する相談　・家庭内トラブル相談

1月

・小論文の書き方相談

・卒業や学期末を控え、学業に関する相談や、休暇中のアルバイト、引越しに関する相談

2月

・就職に関する相談　・留学や進路など将来のことに関する相談

3月

・休暇中であるため、相談件数は減るが、じっくり将来のことなどについて相談する学生が多くなる。

このように、学期はじめの緊張感のある時期、少し緩む時期、ゆとりがでてくる時期などで、それぞれ学生たちの心や生活にも、変化が起きていることが相談内容からも分かる。また、2004年度の特徴的なことは、社会問題化している架空請求問題の相談が急激に増え、毎月のように相談があったことである。この種の法律がらみの問題は学生といえども、すでに社会の一員として組みこまれているというのが実感であり、大学としても早急に対応策や注意喚起などの啓発活動が必要となってきていた。支援室ではその対応として、2003年10月から月二回弁護士による法律相談窓口をスタートさせ、（現在は月一回、随時相談）それと

並行して、年6回発行の学内コミュニケーション誌の「BaBニュース」や、大学の保護者向け季刊誌「東海」に特集記事を組んだり、月2回お昼休みの30分間を利用した公開ミニ講座「クイック講座」を企画し、大学の教職員をはじめとして、所轄の消費者センター、警察署の専門家などによる講演なども合わせて、対応策に取り組んでいるところである。

また、この頃から、若者の間に覚醒剤や大麻などの汚染記事が目立つようになってきたので、これらについても、２００４年12月には「BaBニュース」に薬物に関する特集を組んでいる。また日本学生支援機構から薬物に関する取り組みに対し東海大学の事例を紹介してほしいと原稿依頼を受け、『大学と学生』（平成21年第64号2月号、日本学生支援機構）に掲載させていただいたところである（本書P19より掲載）。また4月の新入生ガイダンス時には「学生生活安心・安全ガイダンス」の名称のもとに、「薬物乱用防止に向けて」のタイトルで地元警察署生活安全課の担当の方に、また、「悪質商法の被害にあわないために」のタイトルで消費生活センター全国消費生活相談員の方に講演をお願いし、約７０００人の新入生に理解を求めたところである。

いずれにしても、相談内容のなかには、必ずと言っていい程、社会のこれからの問題になってくる事柄に対し、そのヒントが隠されていることが多い。私達はそれらのものを見逃すことなく対応していく必要があるのではないかと考えている。

6　謎や秘密は何もなかった

学生生活支援室が立ち上がってから12年間の間に、12万人以上もの学生が何らかの形で利用してくれていることに対し、多くの大学関係者は大変驚いているようだ。なぜ、これだけの学生が生活の一部であるかのように支援室を利用しているのか、そのナゾは？　秘密はどこにあるのだろうか。そのヒントがつまっている学生の「生の声」を集めてみた。

なぜ12年間で12万人以上もの学生が支援室を利用したのか？

―支援室を利用した学生の声から―

・大学も学生のためにいろんなことを考えてくれているんですね。
・この部屋は大変明るくて利用しやすい。
・ここに来るとほっとする。
・花がおいてあるのがいい。
・久しぶりに大学にきたら新しい部署ができていたので入ってみた。（卒業生）
・なんだか疲れた。CDを聞かせてほしい。
・あっ！　この音楽癒される。うれしい！（サザンオールスターズのCDを聴いて）
・大学に入学を希望しているので、この部屋を訪ねてみた。（高校生）
・勉強したいので少しこの場所を貸してほしい。
・雑談をしてもいいか。
・1限目試験なので、この場所を使わせてほしい。
・卒論のテーマで、大学の施設(建物)関係を調べているが、この部屋は何をするところか。
・大学へ来たのでなんとなく寄ってみた。

・風邪をひいたので、この支援室で少し休ませてほしい。
・少し疲れたので休ませてほしい。
・支援室を見学させてほしい。（保護者）
・高校の教師で進学を担当している。いろいろな大学を見てきたが、このような組織は初めてみた。どんな活動をしているのか聞かせてほしい。
・レポート提出があるので、場所を貸してほしい。
・海外旅行へ行ってきたので話しを聞いてほしい。
・成績が思ったより良かったので見てほしい。
・会社から内定をもらうことが出来た。嬉しかったので、聞いてもらいたかった。
・入学してから、学園生活にも少し慣れてきたので、今の気持を聞いてほしい。
・時間が出来たので支援室に寄ってみた。
・留学生と友人になれたので、この部屋を紹介しにきた。
・支援室に来ている留学生と友人になりたいので紹介してほしい。
・留学生と友人になれたので自宅に泊まってもらい日本の料理を教えてあげた。
・お店でCDを買ったが、ここで聴かせてもらえるか。
・日本語の文章を作ってみたが、おかしいところを直してほしい。（留学生）
・ようやく学生生活にも慣れてきたので、少し安心している。今後もいろいろ話しに来たいと思うが、元気を分けてほしい。
・夏休みの計画について聞いてほしい。
・これから試験があるが、少し気分が悪いので、それまで休ませてほしい。

・夏休みに実家に帰省するのだが、どのようなルートで帰ったらよいか相談に乗ってほしい。
・外国の大学院に行くことが決まったので、残念だがまもなく「さようなら」をしなければならない。（留学生）
・受験生だが、支援室を見学してよいか。
・法律相談に乗ってもらったらスムーズに動き出したので弁護士の先生にお礼が言いたい。
・引きこもりで1年間大学を休んでいたが、ようやく春学期から通えるようになったので、顔を出してみた。
・海外へ赴任している父が「一時帰国するので、支援室を訪ねたい」と言っている。
・まもなく卒業するので、なんとなく寄ってみた。
・全ての試験が終わったので息抜きにきた。
・新年の挨拶にきた。
・この学生支援室をみたかったので、見学させてほしい。
・昨日、私の話を聞いてもらい嬉しかったので御礼に来た。

このように、学生の「生の声」を聞いてみると、さほど取りたてて、何かがあったわけではないが、「ふらっと寄ってみた」り、「何となく話しがしたくなった」り、いろいろである。

ここで一番大切な事は、多くの学生が、実は心のどこかで、誰かと繋がっていたいと考えているように見受けられることである。このことは、学生の携帯やメールの遣り取りをみているとよくわかる。

一人でいる心細さや寂しさが、それをよく表しているからだ。その誰かと繋がっていたいと思う心が、行動が、ちょっと「学生生活支援室」へ寄ってみたのではないだろうか。決して、特別なナゾや秘密があったわけではないのだ。

4　保護者との「大学近況報告会」について

平成25年3月31日東海大学連合後援会「五十年史」より

1「大学近況報告会」とは

学生の保護者で組織されている大学後援会を担当している「校友課」と連携しての企画に、新入生の保護者を対象とした「大学近況報告会」というのがある。

8年目を迎えたこの報告会は、全国の大学の中では先駆けて行っている企画の一つとして自負しているが、報告会を希望する各県の後援会に、5、6、7月の土、日曜日を中心に、大学の担当者つまり校友課、学生生活支援室の職員がそれぞれ直接出向き、特に下宿やアパートなど一人暮らしの生活を始めたばかりの新入生の保護者に対して、大学の現況は勿論のこと、新学期の新しい環境の中で、大学生活をスムーズに送るには、どのようにすればよいのか、また社会問題化している事件やトラブルなどの対処の方法などよろず相談を中心とした、不安や心配事などをぬぐい去ってもらうためのアドバイスを行っている会合である。

漠然とした不安を抱える保護者と、学生達が少しでも早く、学園生活に溶けこみ、新しい目標に向かって、スタートができることを望んでいる大学側との共通の目的が、このような会合に繋がったものと理解している。

実は東海大学では、1959年から各県の在学生の保護者を対象とした、大学後援会組織47都道府県50ヶ所を作り、すでに57年になろうとしている。全国の大学の中で、最も早い組織作りに成功し、今日に至っているが、多くの活動を展開している中で、何と言っても一番の中心的な活動は、夏休みを利用した、学部、学科の教員や、教務課、学生支援課、キャリア支援課をはじめとしたそれぞれの専門職員が全国の都道府県に成績表を持参し、学園生活における様々な相談やアドバイスを行っていることであろう。こうした基礎や土台があってこそ、はじめてこの新入生のための「大学近況報告会」がスムーズに行われていることに気がつくのである。

さて、話を「大学近況報告会」に戻してみよう。当日の報告会会場では、大学の現況や学生生活全般にわたっての報告や、出席した保護者の子女の修学状況など現実に起こっているトラブルの悩みや心の問題などを説明し、その後、保護者からの質疑応答がなされ、そこではじめて大学が取り組んでいる姿勢に対し、大方の心配事は解消される。ただそうは言っても、人前では思うように話がしにくいという保護者もいるので、それぞれに名刺をお渡しし、「何かあったらいつでも連絡をください」と伝えている。実際はトラブルなど何も起きないことを祈っているが、何かあったらその時のために…ということである。そのおかげで、この企画はすでに大学の大切な行事の一つになっているのである。

ところで、多くの保護者と話し合う中で、比較的多く話題に上った事柄を幾つか挙げてみたい。

2 新入生保護者の心配ごと

新入生保護者の心配ごとの事例を挙げると次のとおりである。

・今子供がどのような環境や状況にいるのか知りたいと思っているが、どこに相談すればいいのかわからない

・希望した大学や学科でなかったので、やる気をなくしているように見える。
・友達ができず、毎日寂しいと話やメールがくる。
・離れているうちに、コミュニケーションが取れなくなってしまったような気がする。
・子供がマスコミにのっているようなトラブルにまきこまれてしまったが、どう対応したらよいのかわからない。
・一人暮らしをはじめたが、健康や生活習慣の乱れはないか心配。
・交通事故にあってしまった。どう対応すればよいか。
・高い授業料を払っているのに、どうも授業にでていないようだ。
・子供が大学に行っていないようだ。
・子供と会話をしていて母親として自信をなくしてしまった。
・病気やケガをした時の病院の紹介や医療保険の問題はどうなっているだろうか。
・下宿・アパート生活の中で、ちゃんと食事はしているだろうか。
・学食の栄養バランスはどうか？　・仕送りの額はどの位が適当か。　・車やバイクの通学は？
・大学の授業にちゃんとついていっているだろうか。　・大学へはきちんと通っているだろうか。
・子供と連絡がとれない時はどうしたらよいだろうか？　・危険なアルバイトはしていないだろうか。
・キャッシュカードは持たせるべきか。　・異性問題で悩んでいるようなので心配だ。
・授業料が払えなくなった時は？　・奨学金にはどのような種類があるのか。

こうした保護者からの生の声やこの報告会を通して、気になることが幾つかあった。

一つは、今の日本の社会でどう捉えらえたらよいのか、十分考える必要があると思うのだが、想像以上に親子の対話(特に父親との)のないことが、保護者の発言の中から見え隠れしていたことである。特に父親が仕事人間、あるいは会社人間であったりする場合には、子供との接点はまったくと言っていい程なく、父親自身が子供に対し、いつどのように話しかけたらよいのか父親自身から、お手上げ状態であるといった発言が続いたことであった。

二つ目は、親子関係で、母親が自ら子離れが出来ない状態でいるので、何とかしなければと、反省を込めた発言をしていることであった。特に、何を思い出したのか声を詰まらせたり、うっすらと涙を浮かべたりと、そのような発言をする母親を何度も見たのである。

また話の中で、これも時代のせいかと思われる事があった。それは瞬く間に到来した「携帯電話時代」ならではの話であるが、やはり母親の発言の中で知ったことである。子供が、アパートや下宿で一人住まいを始めた2、3ヶ月の頃の出来事が中心になるが、

「この間も子供から肉じゃがの作り方を教えてほしいとメールがあったので、すぐにメールを返したんです。」

「まったく困ったもんですよ。毎朝、携帯電話で目覚ましの代わりをしています。」

「特に言葉を交わすわけではないが、メールのやり取りはいつもしています。」

このような発言の中から、学生も保護者もそれぞれが新しい環境の中で、新たな親子関係を築きながら、生きていこうとしている姿が目に浮かんでくる。

先日もある地方の新入生の保護者から電話が入って、「夏休みで帰ってきた子供を見て、少し成長したような気がします。今までは家の事は何もしなかったんですが、一人暮らしをするようになったらいろいろ手伝ってくれるようになったんですよ。」と嬉しそうに話してくれた。このように一人暮らしの成果が、少しずつでてきているようだ。

3 在学生保護者の心配ごと

相談業務を中心に8年間という歳月が過ぎて気がつくことは、在学生保護者の心配ごとも、当然相当数あることがわかっている。しかも、その悩みも年齢や学年が上がる程に重くなってくるという現実がある。ここでは、新入生保護者の心配ごとに引き続き、在学生の保護者からの相談事をならべると、今の起こっている現象はわかっていただけると思う。

①引きこもり・心の病い

- 家に引きこもり、大学へ行かないので、休学させるか悩んでいる。秋学期のこともあるので相談にのってほしい。
- 子供が引きこもりで、なかなか学校へ行かなくて困っている。成績もかなり落ちたので、相談したい。
- 子供から「最近、学校へ行きたくない、家に帰りたい、友人もいなくて寂しい」などと電話がかかってきて心配している。
- 入学式以来、子供はずっと家に引きこもり、最近は大学を辞めたいと言っている。保護者としては何とか卒業はさせたいと思っているのだが…
- 子供が授業に全然でていない様子なので相談にのってほしい。
- 子供が卒論を提出できなかったため、引きこもりになってしまった。保護者には口を開いてくれないので困っている。
- 最近、子供が外に出るのがいやになったと言っている。アパート代も滞納している様子なので心配だ。
- どうも子供が軽いうつ状態のような気がするので、相談にのってほしい。

・子供が引きこもりで春学期はとうとう全休してしまったが、漸く頑張れそうなのでどうしたらいいのか。
・子供がうつ病ではないかと心配しているので学校が始まったら保健管理センターを紹介してほしい。
・最近、子供が精神的に不安定なので困っている。
・子供が何か悩んでいるようなので、相談にのってほしい。
・子供の行動がよくわからないので相談にのってほしい。
・子供がいろいろ相談に行っているようだが、何かと心配だ。
・子供が勉学意欲をなくしているようだが、一番心配していることは、本人がどうしたら良いのかわからないことだ。
・子供にどうも障害があるようだ。学科の教員に事情を話して今後の対策を考えたい。
・心理的に追い詰められていて通院もしているが、本人がこのまま努力してくれれば早い時期に治ると言われているのだが…
・子供の行動がよくわからないので相談にのってほしい。
・子供にどうも障害があるようだ。学科の教員に事情を話して今後の対策を考えたい。
・子供が自閉症なので大学と相談して何とか卒業させたい。

②学業に関する相談

・子供が大学へ入った後、留学を希望している。留学制度について教えてほしい。
・アルバイトに専念し過ぎて、全然大学に行っていない。今後のことをアドバイスしてほしい。
・本学学生の保護者だが、本人が「まったく勉強がわからないので、困っている。」と言っている。相談にのってほしい。
・ある学生の保護者だが、2単位足らないだけで、ゼミが受けられないと言うが、何とかならないか?
・学費の入金期限が迫っているのに、本人の学校へ行く意志が感じられない。

・学業が落ち込んでいると同時に、卒業も延びている。本人と面談してほしい。
・子供が、必修科目が取れなかったら来年度の学部・学科改組でカリキュラムが変わるので、大変だと言っているが。
・本人が、勉強のことでめずらしく各種学校へ通いたいと言っているが、どんな学校か心配なので、調べてほしい。
・子供の単位が取れているかどうか何度か学校に電話したが、その都度、対応がまちまちで、今度は学科へ電話すると、卒業は非常に難しいと言われ困っている。
・まもなく転部科の試験なので、子供に連絡を取って受験の確認をしてもらいたい。
・卒業研究を残すだけとなったが、なぜか大学に足が遠のいてしまった。今後どうしたらよいのか相談にのってほしい。
・子供が転部科を希望しているようだが、今の学科で頑張るように言ってくれないか。
・子供が大学に行っていないようなので、相談にのってほしい。
・子供から電話で「試験がうまくいかなかったので心配だ。」と連絡があり、保護者としては、どうしていいか。
・子供の入学する学科の詳しい内容を知りたい。
・8セメで海外留学をさせたいと思っているが…
・子供から「どうも成績がよくないようで進級が難しそうだ」との連絡があった。一度調べてほしい。
・子供の成績で悩んでいる。今日は二人で話し合うが、どう対応したらよいかアドバイスを…
・春学期の成績をみたが、ほとんど落としているし授業にも出ていない。どうしたらよいか相談にのってほしい。
・日刊新聞の奨学生をやっている子供が、春学期の単位を全部落としてしまった。相談にのってほしい。
・どうも子供の単位が足らず将来が見えないので、状況を教えてほしい。
・学科の単位がどうしても取れずにいるため進路変更したいと言って悩んでいる。保護者としてはもう少し頑張ってもらいたいと思っているのだが…
・子供を大学院へ入学させたいがどうしたらよいか？

・子供が授業についていけないと言っているので、一度相談に行っても良いか？
・子供がどうしても取れない単位があると言っている。
・子供が、春学期の途中から勉強がわからないという。どうも学校へ行っていないような気がする。
・なかなか単位がとれないので困っているようだ。学科の教員や学生相談室には行ってはいるようだが…
・子供が大学の授業についていけないと言って困っている。
・卒業論文が書けなくて卒業ができなかった。今回はまだ履修登録をしていないのでとても心配している。
・子供が勉強の遅れもあって1年、留年するが、その間に人生勉強をさせたいと思っているので相談にのってほしい。
・子供が教員の指導方法について不満を持っていて、とうとう授業に出なくなってしまった。
・子供が教室に入れなくて困っている。特に語学の授業は指名されるので出席したくないと言っている。
・1年生の秋学期より何となく学校へ行くのがいやになったり、引きこもり状態になって成績も落ちたが、本人さえ頑張るなら大学だけは卒業させたいと考えている。

③進路・就職について

・子供の就職がまだ決まっていないので、どこかないだろうか？
・就職は決まっていたが、卒業ができないと言われた。どうしたらいいだろうか？
・子供の大学院進学について、なかなか思うようにいっていないので相談したい。
・子供が海外留学をしたいと言っているので相談にのってほしい。
・子供が進路のことで悩んでいるので、相談にのってほしい。
・なかなか就職が決まらないで困っている。
・子供が卒論の単位だけ取れば卒業できるのに、どうも学校へ行っていないようだ。

・授業についていけず転部科も考えているようだ。相談に行くように伝えるのでよろしく。
・子供が外国で働きたいと言っているのだが…
・子供が学校に行きたくないと言っている、気持ちがなかなかつかめない。相談に行くようにいってあるのでよろしく。
・子供が勉学意欲をなくしているようだが、一番心配していることは、本人がどうしたら良いのかわからないことだ。
・子供がなかなか大学へ行かないため単位は殆ど取れていない状態である。今後のこともあるので相談にのってほしい。
・子供がそろそろ就職活動を始めようとしているので相談にのってほしい。
・授業についていけず転部科も考えているようだ。相談に行くように伝えるのでよろしく。

④退学・休学について

・病気のため、今日は子供の退学の日となってしまった。今後、再入学の話のあったときはまたお願いしたい。
・子供がケガで入院してしまった。この場合どうのような手続きをすればよいか？
・子供の入院が長引いているので、今学期は休学したほうが良いか相談に来た。
・子供が高校時代から「授業に出ると気分が悪くなる」と言っていたが、大学に入っても改善されないので退学したほうが良いのか相談に来た。
・突然、子供が大学をやめたいと言い出し困っている。
・子供が休学したいと言っているので、手続きの方法を教えてほしい。
・子供が体調を崩したので一ヶ月程休ませたいが、何か手続きは必要か？
・子供が退学したいと言っているが、どうにかならないか？
・大学をやめたいと言っていた子供が「まだ目標は決まったわけではないがもう少し努力してみる」と言っている。
・友人関係、学業等は別に問題ないが、子供が学校を辞めたいと言っている。

⑤学生生活
・最近、子供がマージャンに凝ってしまい大変心配している。
・春学期が始まったが、子供が授業に出ているかどうか心配になったので上京してきた。
・子供がインフルエンザで熱があるが、今試験を受けている。終わったら病院に連れて行きたいので、病院と試験教室を教えてほしい。
・子供が学園生活になじんでいるのか心配だ。
・子供がボランティア活動をしたいと言っているので相談にのってほしい。
・子供がいろいろお世話になったので一言お礼が言いたい。
・子供が何か悩んでいるようなので、相談にのってほしい。

⑥部活
・現在ある運動部に所属しているが、このところどうもやる気がみられないような気がする。保護者としてはレギュラーになって頑張ってもらいたいものだが…
・クラブ活動を楽しくやっているようだが練習はとてもきついようだ。勉強のこともあるので心配している。
・アルバイトとクラブ活動との兼ね合いについて心配している。
・子供が部活内でいじめにあっているようだ。

⑦親子関係の相談
・長い間、電話をしても子供が話をしてくれなかったが、この頃ようやく話をしてくれるようになった。
・最近、親と子供の会話の中で誤解があり、あまりうまくいっていない。少し心配している。

⑧トラブル関係の相談

・子供に連絡を取ろうと携帯に電話をしたが、電話にでないので困っている。
・子供と連絡が取れずに困っている。アパートを見てきてほしい。
・架空請求が来たことで子供が悩んでいる。どうしたらよいか？
・自宅通学の子供あてにいたずら電話が入ってくるので困っている。
・子供が行方不明のようなので、どうしたらよいか？
・子供の高校時代の友人からある宗教に入信しないか持ちかけられて困っている。一応、学校にも知らせておきたい。

⑨その他

・4限は何時から始めるのか？　子供と待ち合わせをしているので…
・いろいろと調べたいことがあるので、興信所をどこか紹介してほしい。
・子供が頭部の髪が薄くなってきたことを気にしているので、相談にのってほしい。
・子供が入院をしているが医療費の給付を受けるにはどうすればよいか。
・子供のアパートに行って管理人といろいろ話をしたが話が通じない。特に問題があったわけではないが、非常に不愉快だったので引越しを考えたい。

5　大学マネジメント講義「学生支援論Ⅰ」

平成24年度筑波大学研究センター大学マネジメント講義「学生支援論Ⅰ」

私は日本の大学で最初に学生支援室を立ち上げまして、ちょうど10年が経過しました。今日は筑波大学研究センターにおいて、全国の大学で最初の「学生支援論Ⅰ」をこれから講義をさせていただくわけですが、学問になるかどうかは聞いておられる皆さんから回答が出てくると思います。このような機会を作っていただいたことに大変感謝をしています。ありがとうございます。

ということで、今日は意気込みのほうは沢山あるのですが。皆さんの参考になるかはわかりませんが、過去の10年間の資料をまとめましたので、その経過をかいつまんでお話ができればと思っています。

1　全国で初めて学生支援室を立ち上げた経緯

①「支援する」という言葉の由来

さて、最初にこの「○○支援」という言葉についてお話したいと思います。

最近はどこでも、この「支援」という言葉が溢れているわけですが、「支援」の最初はどこから来たのでしょう。支援という言葉は辞書に昔から載っているわけですが、私がこの「○○支援」という言葉がマスコミに載りはじめて、「支援」という言葉を具体的に実感したのは、１９７９年にソ連軍がアフガニスタンに侵攻し、それから実に10年間の攻防で荒れ果てたアフガニスタンの地に、日本人の中村哲医師が、「復興支援」と掲げアフガニスタンにおけるボランティア活動が始まったときです。

中村先生は、隣のパキスタンで医療支援の仕事をされておられましたが、荒廃するアフガニスタンへもその活動を拡大し、医療、水源確保（灌漑用井戸掘削・水路建設）、農業支援を不断に今も続けられているたいへん立派な方です。

また、皆さんもご承知のように１９９５年に、阪神大震災が発生し、みんなのボランティアにより阪神が復興していくわけですが、これを機に支援やボランティアという言葉が、いままで私達が考えていたボランティアよりももっと進んだ意味で捉えられるようになったと考えています。

同じく同じころに、皆さん覚えておられるかどうかわかりませんが、福井沖でタンカーが座礁し、油の流出があり、魚はもちろんカモメが死んだり付近の漁業ができなくなった。こちらの災害にも、油を除去するために、たくさんの方のボランティアによる協力がありました。

こうした経緯もあって、１９９８年3月25日、私もまだ国会にいた頃ですが、ＮＧＯ、ＮＰＯの法律が成立しました。これをもって日本のいわゆる支援という言葉が定着していったわけで、日本のボランティア元年として動きだしたと考えてよいのではないかと思います。

②「廣中レポート」による学生中心主義への大学の転換

その頃、文科省は「廣中レポート」を作成しておりました。「廣中レポート」とは、文部省高等教育局から出された『大学における学生生活の充実方策について（報告）－学生の立場に立った大学づくりを目指して―』（平成12年6月）、という報告書で、その調査研究会の座長が当時山口大学学長の廣中平祐先生だったことから、「廣中レポート」と呼ばれています。

学生中心の大学への転換や正課外教育の意義の積極的な捉え直し、学生相談、就職指導、就学指導、学生の自主的活動及び学生関連施設について改善方策などが提言されています。

ご存知かと思いますが、廣中先生の奥様は参議院議員の広中和歌子さんでして、秘書の方とは顔見知りでよく会館のお部屋にお邪魔しており、そうしたご縁からこの「廣中レポート」の作成者の一人の弘前大学の佐々木大輔先生ともおつきあいしていたのですが、佐々木先生から「多様化する学生たちがどんどん大学に入学してきているので、ばらつきがあって十分な学生支援がなかなかできないんだ」と伺っておりました。

多様化する学生を大学がしっかり受け止めていかないと本当の学生支援にはならない。それなら、多様化する学生には、相談事も多様化させ、「よろず相談」、「何でも相談」にすれば、学生支援ができるのではないか。いわゆる昔からある学生相談をもう一つオープンにしてよろず相談でいこうじゃないかということになったのです。ところが、いま学生相談室はどこの大学もありますが、当時は、資格がないと、学生相談ができないわけです。そうすると、いまの学生支援は、大学院を出て、臨床心理士でないとできないわけです。

そこで学生相談学会が「大学カウンセラー」という制度を作りまして、私もその資格をとったことがありますが、しかし資格だけでは、なかなか仕事はできない。資格は持っていますが世間を知らない先生と学生が対面してもなかなか心が通じない。そこに人間味豊かな、あるいは社会経験のある人たちが混ざって初めてそこに本当の相談業務ができていくのだろうと思うのですが、そういう像を見せてくれたのが２０００年の廣中レポートだったわけです。

③　日本で最初の学生支援活動のスタート

東海大学湘南校舎に約3万人（当時）の学生が在学しているのですが、校舎が広いものですから、いろいろな窓口で学生がたらい回しにされて、多くの学生たちが大変不満をもちまして、その不満がみんな学長・総長のところにいくわけです。そういうことで、学生のための機能を作らないとダメだということで、2001年の10月に全国の大学に先がけて学生生活支援室を立ち上げました。

ちょうど私も、1976年7月から参議院議員松前達郎先生の秘書として25年にわたる長い間政治活動をしておりましたが、今後のことをどうしたらいいのかと思っておりましたところ、松前先生は東海大学の総長もされておられましたので、「君は人間が好きだったね」「ええそうです」「今度新しく学生支援室を作るのでそういう仕事はどうかな」とお話をいただき、もう、真っ先に飛びつきまして、それでスタートしたのです。2001年の10月のことです。アフガニスタンにおける「支援」と「廣中レポート」の学生中心主義が結びつき、学生相談ではなく、学生生活支援室となったのです。

ところが、立ち上げて最初の半年間は、実はいろいろ悩みました。どういう学生支援をスタートしたらいいか、国会図書館へ行って調べました。全国の大学も調べてみました。学生支援課というのは既に言葉はありましたが、昔の学生課から名前を変えただけでした。また学生相談室はあるのですが、それがよろず相談にまではなかなかいっていない。

そうしますと、これはもう自分で創るしかないだろうということで、みんな学内でも知らないメンバーでしたが当初4人でスタートしたわけです。それが2002年の4月のことです。

こうして、東海大学湘南キャンパスに学生生活支援室ＣＬＩＣ(Campus Life Information Center)が開設され、その後、学生支援課に改名されました。

④開設時から２０１２年までに11万６０００人を超える利用

ＣＬＩＣ（クリック）の初年度の活動は、

・各種相談、学生への満足度調査実施（３００名）
・案内パンフレット、チラシ、ポスターを作成し、新入生に配布（入学手続き書類に同封）
・CLIC講座開講（休みの30分を利用して学内教職員による学生生活改善のためのミニ講座開催）
・学生向けコミュニケーション誌「ＣＬＩＣ　ＮＡＶＩ」（学期ごと1回年2回発行）
・新入生保護者対象「大学近況報告会」最初は埼玉県後援会開催（6月、熊谷、川越、大宮、春日部）からスタートしました。

学生支援室の利用者も年間約８０００人でしたが、10年後には年間１万２０００人の学生たちが利用してくれております。

2　相談対応事例集『ＣＬＩＣ』

『ＣＬＩＣ』という小冊子の相談対応事例集があります。これは学生相談室ＣＬＩＣに寄せられた相談ごとを1年ごとにまとめたものです。これが生まれた経過をちょっとお話しさせていただきますと、最初の年に約８０００人の学生が何らかの利用をしてくれました。

逆に言えば、東海大学は約８０００人もの学生が来るなんて、そんなに悩む学生がいて何かおかしいのではないかという感じでみんなが見ていたんです。しかし、「否、そうじゃないんだ」と。この冊子の中を見ていただければ、学生は悩みごとばかりでなくいろんなことを聞いていることがわかるわけです。「ハサミを貸してほしい」「糊を貸してほしい」という日常の些細なことから、ただ時間をつぶしに来る学生など、恋人の相談から、いろんな問題がたくさんあるわけです。

冊子の最後のページに昨年1年間の相談内容が載っております。平成になってから昭和と多少内容が変わってきております。もちろん釣り糸がからまったような複雑な大変な悩みを抱えてくる学生もおり、この中の相談事すべてが解決しているわけではありません。でも質問のタイトルを見ていただければだいたい「うちの大学でもこんなことあるよね」とわかるかと思います。

この冊子は新入生の保護者と大学の教職員にも配っております。ここには学業に関することや学生生活に関することなどの大まかなアドバイスが書いてあります。この冊子は実は親と子のコミュニケーションの一つにもなっております。またこの資料が保護者と大学とのコミュニケーションにも役立っているところです。

それともう一つは、大学に勤めている教職員にも「ここは忘れてしまった、確かなことをもう1回確認したい」

という時、これを見るとだいたいわかるようになっています。それぞれの先生の個性、あるいは職員の個性によってそこに答えがまた別な形で出てくる。「あぁ、なるほどそうだった」。新しい人には教科書、古い人には確認する資料として役立っているわけです。

当初、ＣＬＩＣの小冊子の発行には、私のスタッフからも抵抗はありました。ＣＬＩＣを開設して1年経ったときに８０００人近くの学生が利用してくれたわけだけど「これをみんなの力で本にしてみようよ」と提案すると、「えっ、どうやって本にするんですか?」

今までそんな経験がないものですから、不安に思ったのでしょう。「だって、こうやってみんなが相談に乗って、これだけ学生が来てくれているんだろう。それを文字にしたらいいんじゃないか」と言ったのですが、「できません」。もう何も考えないうちから「できません」で始まるんですね。「わかった。じゃあ録音しよう。みんなが相談を受け答えしているところを録音しよう」。それを文字にし、いままでどこの大学もできなかった事がこの本になったわけです。

小冊子につきましては、ここからさらに超えた新しい学生支援を作っていけばいいわけですから、私どもはこの基本だけ作って、そして今日まで年間1万２０００人くらいの学生が相談に来ております。もちろん食事をしに来るだけの学生もいますし、ただ顔を見に来る学生もいます。どこの大学も一緒だと思いますが、来る場所がある、寄る場所がある。デパートの受付あるいは船の水先案内でも何でもいいのですが、そのような立ち位置の場として気楽な利用場所だということで理解してもらっているところです。

3　平成（ゆとり教育時代）の学生の特徴について

さて、昭和と平成の学生はどう違うんだろう。ここが私の一番の関心事であります。それをお話します。

①昭和の戦前の苦学生と戦後の苦学生の違い

今ちょうど80歳から90歳位の間の方たちが、昭和の終戦頃学生だった頃だと思います。その頃は「昭和の苦学生」という言葉がありました。あの頃は戦争が終わったあと、日本に物資が何もなかった。とにかく学生生活もままならない時に、食事もできない状態の中で、学生生活を送った人たちがいっぱいいるわけです。それで「昭和の苦学生」という言葉が生まれました。

その頃、学徒援護会というのが出来まして、今は学生支援機構と名前が変わっておりますが、私は今の時代の学生については敢えて「平成の苦学生」と名付けております。おおよそ20年位前から皆さんご承知のように、バブルがはじけたり、リーマンショックなどがあり、大変な動きになっています。今ほとんどの子供が親の収入を把握しています。なぜかというと奨学金をもらわないといけませんからね。保護者も相談にきますが、学生もここまでは携帯にお金をかけられるない、足りないところは自分でバイトをしないとダメとか、奨学金をもらって何とかしようとかいろんなことを考えている。ですから、多くの学生たちは携帯電話をむやみにはかけません。メールの使用がほとんどです。

最近思うことは、スキーに行く若者がなかなかいないんです。スノボはいますが、20年前位は、若い人たちは出会いの場としてスキー場がものすごく流行りました。これは私の感想ですが、それほど時代が変わってきたと感じています。

②昭和のゲームボーイ世代と平成のゆとり世代の違い

では、平成と昭和（戦後）の違いはどこにあるのかということなのですが、ちょうど今卒業して10年くらいの皆さんが社会人として活躍しておられると思いますが、なかなかコミュニケーションが良く取れていなかった。20年くらい前は多くの体育会系の学生が礼儀正しくしていたために多くの企業から求められていた。そのあとの学生はコミュニケーションがなかなか取れなかったために「あの～その～」で始まって、こちらから声をかけて初めて言いたいことがわかったわけです。

私はこういうことを「ゲームボーイ世代」と名付けました。ゲームボーイの目線はコントローラーがこのぐらいですね、斜めこの辺です。皆さんご経験があると思いますが。そうするとあと5センチ、10センチ顔を上げるとその人の喜びや悲しみの顔が見えるわけです。ところが、この目線で「あの～その～」で始まるから、なかなか会話が成り立っていなかった。そういう経験が皆さん、あると思うんです。

そういう時代を経て、今の学生たちはどうかというと、雑談ができるんです。

たとえば1例を上げますと、「おはようございます」「こんにちは」「さようなら」。これは、当然言えるわけですが、その先があるんです。「今日はちょっと寒いですね。1枚厚着をしてきました」。こういうことを、隣のおじいちゃんやおばあちゃんが話しているようなことを、いまの平成の子供たちが言うんです。皆さんどうですか、経験ありませんか。多分おありだと思うのですが、気が付かないだけだと思います。普通にやっていますので。その違いが平成と昭和のゲームボーイ世代にあるんです。私はそう思っています。

③主語のない昭和、ある平成

その一番いい例が、主語がある、ないの違いなんです。たとえば、昭和のゲームボーイ世代。つまり約10年前の当時の学生ですと、「すいません、私、電車の切符の買い方が分からないんです」と質問されて、思わず「え?-」。どういう人生を送ってきたんだろうと思うわけです。私たちも時代と共に切符についてはハサミが入った時代から定期券の時代があったりとか、その後は切符を吸い取られるような感じの機械でしたが、今はタッチの改札ですね。いろいろ改札は違えど切符の買い方がわからないなんて、と不思議ですよね。ところが、沖縄は実は電車が走ってないんです。モノレールはありますけれど。その学生は沖縄出身だったのですね。それで切符の買い方がわからないということなのです。だから、会話が一つ抜けている。「私は沖縄出身です」が抜けているわけです。こういう質問は駅で聞いてもいいのですが、ＣＬＩＣだったらよろず相談になっていますから、学生は安心して切符の買い方まで質問で聞いてきます。

こうした質問も平成の学生になると「すいません、私は沖縄出身なんですけど、他の友達に聞けないのでここへ聞きにきました」と、主語があるわけです。そういう違いが平成と昭和の違いだと私は敢えてお伝えしたいわけです。これだけが全てではありませんが、そういう違いがあるということも頭に入れて学生たちを見ていただくとだいぶ変わってくると思います。

④携帯フレンド時代、親指社会の出現

今や携帯フレンド時代。これはもう皆さんご経験がありますね。電車の車内を見て、バスの中もそうですが、この間驚いたのは、隣り合わせで座っていて、二人は顔を合わせていないのですが、両方で笑っているんです。あっ、何だろう、気持ち悪いなと思っていたところ、二人は結婚しているのか恋人かよくわからなかったのですが、二人で親指を使いながらやり取りをしています。見ると、隣同士で会話をせずにメールでやり取りしているのです。もうこんな時代になったのかということです。面白い時代が来ているわけです。「親指社会」ともいえるかと思いますが、どんどん変化していく様な気がするわけです。

⑤「雑談する力」のあるゆとり世代

それでは、このゆとり教育の良さはあるのでしょうか、と言うことですが、私は敢えて言わせてもらいます。それは「雑談する力」がついてきたと考えております。私が一番びっくりしたのは、長崎県へ行ったときに、ある会合で「最近の青年とどう向き合ったらいいんでしょうか」という女の方が何人かおられまして、私の話が終わったあとに一人手を挙げられて、「質問があります」。実際には質問ではなかったのですが、「私は小学校の教員をやっております。今日お話をお聞きしていましたら、いつもゆとり教育を受けた子供達をほめてくれた方はどこにもおられなかった。今日は、私たちの育てた子供たちが、大学生になってどうしているのかわからなかったけれども、「雑談する力」がついていると褒めてもらった。初めてです。今日帰ったら同僚の先生に話してみます。」と、先生が涙ながらに話してくれました。私は驚きましてね、そうか、本当に新聞、テレビ等のマスコミには評価されていなかったんだと、そんな実感を持ったのですが、その先生の言葉からは貴重なご意見をいただき大変嬉しく思ったものです。

実は私は全国各地を仕事で歩いておりまして、「ゆとり教育」の一貫だろうと感じていた事柄に遭遇した経験がありました。私が経験したのは宮崎の駅と福島の駅でした。小学校三、四年生位の子供たちです。「○○

小学校の〇〇です」と女の子が来て、「はい。何ですか？」「アンケート調査をしています。三つ質問させてください。」「この駅は1カ月に何回来ますか？　今日は何の用で来ましたか？　今度いつ来ますか？」。それで「私は今日は出張で来たんだけどね、年に1回来るか来ないかな」と話をしているともうサッと「ありがとうございました」って行っちゃう。あぁ、もうちょっと話したかったんだけど。そんなことを何人も経験して、「あぁ、ゆとり教育はこんなことをやってコミュニケーションを取る練習をしているんだな」と思いました。

しかし、私は大学に戻りまして学生たちに話をしました。ちょうど私が顧問をしているクラブ活動の学生200人程いるのですが、音楽団体です。「こんな経験をしたんだけどみんなの子供の頃はどうだった？」と聞きますと、これは県の教育委員会によって違うのかもしれませんが。やっている県とやっていない県がある。あぁなるほど、そういう違いもあるのかなということは体で分かったのですが、そういうことを私たちの知らないところで練習しているんですね。そうは申しましても、私は教育の実態は見たことがなかったんです。私はゆとり教育を悪いと思ったことは1回もない。ただ、少し「我慢する力」が足らないんですね。我慢とか忍耐力とか、もう一つ大切なことは、「孤独に耐える力」がうすくなってきていることは確かなことだと思っています。これは昭和の学生たちよりは少し足りないような気がしております。

4　学生からの悩みの相談内容

さて、この10年間学生と交流を持ちましてどう感じたか。もちろん出会ってから11万人いくらということを言っておりますので、いろんなことで学生たちと話し合ってきました。学生の求める心は多種多様で複雑であります。これはもう当然のことです。青年時代ですからいろんな思いがあります。この年でもまだ悩みを抱えている私ですが、たとえばニキビの問題、身長の問題、若ハゲの問題からそれはもういっぱいあるわけです。男女の問題も含めますと複雑な悩みがいっぱいあるわけです。

これらの問題は、事例集にみんな載っていることです。それからこの年齢というのは18歳から22、23歳を中心として、心身の大切な成長期になっています。皆さんもご経験があるかと思いますが、この時期の春先には、いろんな精神的な不安定さが本物になるか、クリアできるか、ただ心の悩みで終わるのか、その違いが出てくるわけです。最近は多くの理解がありまして、「彼はどうもおかしい」という言葉がなくなりまして、「彼はこういう病気を持っています」。発達障害や自閉症など、そのような病気の対応がかなり広く理解されるようになってきていることは喜ばしいことです。また当然ではありますが、この青年期は特にいろいろな悩みを抱えている時期であります。あれもやってみたい、これもやってみたい。夢が膨らんでいる時期ですから、これはもう当然のことであります。

それから仕事のことで言えば親の跡を継ぐなどそういったことは別にしまして、それぞれが自分の人生設計をもっています。将来どうしたらいいか。でも資格が取れる学部学科に行っている学生と、文系とか法学部系みたいなところは、自分の目的を見つけることが最近は特に難しくなってきています。そのことが一層学生たちの悩みを深くしております。そういうことをこの頃特に感じている部分もあるわけです。

またこの時期は、ちょうど社会人になっていく、そういう時期にもあたりますから、いろんなことを判断していかないといけない。ところが一途な思いもありますが、この判断をどうつけていくか、一方の見方ばかりだとあるいは何かこう一つのイメージに囲まれ、たとえば言いにくいのですが、一つの宗教にのめりこんでそっちの判断で人生を変えてしまうこともあります。公平な判断をするというのはなかなか難しいわけです。そういったことをどうしていくのかというところにも差し掛かっています。私たちはそういう学生たちを見ながらいろんな動きを取っていかないとダメなんだろうと思っているわけであります。

5「よろず相談」「学生モニター制度」からみえてきたこと

この10年間、いろんなよろず相談がありました。その中で私が感じたことがあるわけですが、「学生モニター制度」を設けまして、アンケート調査を5回程実施しました。予算が取れなくなりましたので、今は休止をしております。これは全国の学生約３万人のうちの、１５０人をモニターアンケート調査をしました。年2回答えてくれた人に、図書カード1万円分をプレゼントするということで企画をしてきました。ここには率直にアンケートに答えてくれた学生の生の声が基礎になっております。これを見ました大学の経営者がありがたいことに、真摯な意見に対し耳を傾けて、たとえば、食堂を明るくしたり、学校が広いものですからベンチの数を増やしたり、具体的に目に見えるように実行してくれました。学生たちはそれを見ていますから、真剣にアンケートに答えてくれました。そういった相乗効果がありました。

さて、このアンケート調査の一方で、次のようなこともわかってきました。

①自分自身の目標、将来のビジョンはもとより、なにをやりたいのか見つけられない学生が多くいる。

一番大事な部分は、自分自身の目標や将来のビジョンはもとより、まず「自分は何をやりたいのか見つけられない」と言う学生が少なからずおりました。
②トラブルに遭ったときの問題解決能力、危機管理能力に乏しい学生もいる。
③各種窓口の職員の対応や授業の在り方など、学生に対するサービスや教育に対する不満を持つ学生も少なからずいる。
④キャンパスのアメニティ（環境、施設、設備、利用者のモラル）の改善を求めている学生が多い。
そういった開示を求める学生もよくおり、それらの意見は新たな改善につながっております。これがこのモニターアンケート調査の嬉しいところです。
⑤学内施設、設備、機能、制度などについて一部を除き、、学生が利用すべきところを理解している学生は、実はそれほど多くはない。
湘南校舎は9学部ありますが、その学部の中で、いくつかの学部の先生方が、新入生のために施設見学をしてくれています。もちろんガイダンスでもいろいろやっていますが、学生たちはいろんな資料を配りましても、右から左で忘れてしまいます。やはり一度行って見ないとわからない。そういうことが現実にはありますので、それを具体化してくれている先生方もおられるということで嬉しく思っております。
⑥何事にも受身であり、手を差し伸べないと次のステップに進めない（きっかけがつかめない）学生が少なくない。
私達が大事にしなくてはいけないことは何事も受け身であって、手を差し伸べないと次のステップに行けない

学生に対してであります。契機がつかめない学生が多くいるわけです。これはもう全国一律そうなっていると言っても間違いはないのですが、そういったことがこの調査から分かってくるということであります。

6　法律相談からみえてきたこと

2年目から、法律相談を設けました。実は法律学科に弁護士資格を持っている先生がおられましたので、現在は月に一回その先生に手弁当でお願いしております。幾つか法律相談から見えてきたことがあります。約10年間で100件ほど、法律相談がありましたが、その中で一番感じたことは、まず「トラブルは社会情勢を反映している」ということです。

これはどういうことかと申しますと、皆さんがテレビ、新聞報道で知っている、たとえばオレオレ詐欺や架空請求事件など、こういった事件が流行るその1カ月前か2カ月前からまず最初に学生が被害にあうようになっています。「あれ、新しい何かが起きそうだ」ということで、早急にこういった相談から感じとることができるわけです。報道する前から皆さんもキャッチすることが出来るといろいろな事が見えてきますから、よくアンテナを張って学生のために一方では啓発活動に十分力を入れてほしいと願っております。

まず自己中心的な学生たち。すぐにキレる学生など。これらは相手もいることですから、すべて学生が悪いわけではない。双方学生の場合もありますが…。群れで行動する学生達もおります。このようにいろんなことが相談事から見えてくるわけです。それから個人情報の管理ですが注意力が欠如しているために、特にネット社会は毎日そういう事件、事故が起きています。取ったり取られたりいろんなことがあります。一番簡単なところは、ネットでの架空請求などがありますと慌てて手続きをするとそれが裏社会に行くわけです。そうしますといままで関係なかったところから、名簿が売られていますから、あれ、何でこんなところから案内が来るんだろうというようなことが皆さんもひょっとすると経験があるかも知れません。学生たちはそういうところに一番疎いわけです。大人でも気が付かないことがありますから。

7　学生のコミュニケーション能力不足

そういったことがいろいろ見えてコミュニケーション能力と会話の不足。これは先生方や、職員もそうですが、学生と会話やコミュニケーションが取れない者同士がうまくいかないのは当然のことですが、たとえばアパートの隣人との関係で言えば、社会人もいますが学生もいます。

たった隣のことなのですが、コミュニケーションが取れないのでそこから喧嘩がはじまります。音楽がうるさい。これは騒音問題です。そんなことがしょっちゅうありまして喧嘩になります。水をかけられたり、ドアをドンドンたたかれたりし、法律相談に来るわけです。訴える、訴えないというそういう問題。あともう一つは交通事故です。これも両方キレていますから喧嘩腰になってしまいます。冷静に話ができない。これはもう現実の話です。赤の他人とどう付き合うか。これもなかなか大変なことです。多くは学生達のアルバイト先で起きています。いま交通事故も言いましたが、ネット上でもあります。とにかく自分勝手に、すぐキレたりするものですから、なかなか冷静な話ができないということになっています。

8　学生とどう向き合ってきたか

さて、学生とどう向き合ってきたかということです。これは永遠に続く問題です。もちろん人間としてどう向き合うかということに変わりはありませんが、大学に勤めている私たちでありますから、当然青年時代というのは悩みが尽きないわけですから、いろんなことがあります。基本的に、一番大切なのはやはりコミュニケーションがどう取れるかという部分ですから、このことを基本に置いておかなければいけません。

①難しい言葉を使わない

まず難しい言葉を使わない。これはもう当然の事です。それから日頃から信頼関係を築いていく。学内がそれほど大きくなければ学生も教員も顔を見れば話したことはないが顔は知っています。「おはよう」「こんにちは」「さようなら」は言えますが、ちょっと広いと、初めて会う学生もたくさんいますから、どうやって信頼関係を結んでいくのか。そのようなことは相手の存在を尊重しないとできませんから、このことを土台にして、私は話し方や伝える力を磨くよう心がけて参りました。

②共に悩み共に考える

共に悩み共に考える。これはもうどの段階でもどの場面でも同じだと思います。これは家族でもそうです。お父さん、お母さん、それから子供の問題でもやっぱり一緒に考えて悩まないとダメです。「お前そんなの自分で考えろ。」こういう親子は結構います。それであるときは、子ども扱いをして、あるときは一人の大人として扱う。もう矛盾したことがいっぱいあるわけです。また、学生によって態度を変えてはいけないわけです。

親しくなると「おう、どうしてる?」なんていう会話になってしまいますが、知らない人は何であの人はあんな気楽な口をきくんだろう。最近の学生はお客様はみんな神様ですから。お客様になっていますから、おかしいな、何かあるのかなという不愉快を与えてしまう。この辺はできるだけ、丁寧な言葉を使わないといけないと思います。学生の相談に対してあるいはすべて相談ではありませんが、熱意を持っていることを示してほしい。やはり「一生懸命ですよ、あなたに対しては真剣ですよ。」そういったことは、すぐ伝わりますから。このことを皆さんも自然に身に付けておくべきだろうと思います。

もちろんこれは当然のことでありますが、「私のことをとても理解してくれているんだ。ああ、あの人は本当に誠実な人なんだ、嬉しいな」。そういう心構えをどこに持つかというのは、この事は常に持たないといけないわけです。「そんな、自分は疲れるよ」ということになりますが、そうではなくて自然にやる。その努力が大事だろうと私は思っております。

③具体的なアドバイスをする

これは私が10年間で一番感じたことです。多くの人がそういうことを理解しているかどうか、私はこのことを一番大切にしております。それは「いまの学生はできるだけ具体的なアドバイスを求めています。」これは保護者の皆さんに強く言っています。

そうはいっても、できるだけ具体的なアドバイスって何だろう。答えを出すのは本当は自分で考えさせるのが大事なのですが、いまの学生たちはいろんな回答を持っています。できるだけわかりやすく話すと、その中で、「あっ」と、そこにヒントがみつかるようになっています。時代は変わりました。「人生じっくり考えろ」という意識が今なかなか難しい。人によって変わってきます。このことを、私は一番感じております。

いくつか事例を挙げさせていただきます。

事例1　翌日の新聞

これは昨年の私のちょっとした体験ですが、披露させていただこうと思います。

昨年の6月3日日曜日のことです。私がどこにいたか皆さんはご存知ないと思います。そんなの知るかということですが、昨年の6月3日は、私は講演を頼まれて高松市におりました。そして講演が早めに終わりましたので全日空の1便早い飛行機に乗ったわけです。その日はちょうど日曜日だったわけですが、スチュワーデスさんが「今日は日曜日なんで朝刊しかありませんがお読みになりますか?」と聞いてきた訳です。私はその日に限ってたまたま朝刊は、ホテルで時間があったので読んでしまっており、こう言ったんです。「できれば明日の新聞なんかあったら読んでみたいですね」「はい、わかりました」私は驚きました。それから12、13分後のことです。持ってきてくれたのです。なんと明日の朝刊をです。手作りのANA新聞でした。内容は、「曽田様、いつもANAをご利用いただきありがとうございます。」翌日ですから6月4日になります。「曽田様にとって良い一日になりますように」と書いてありま

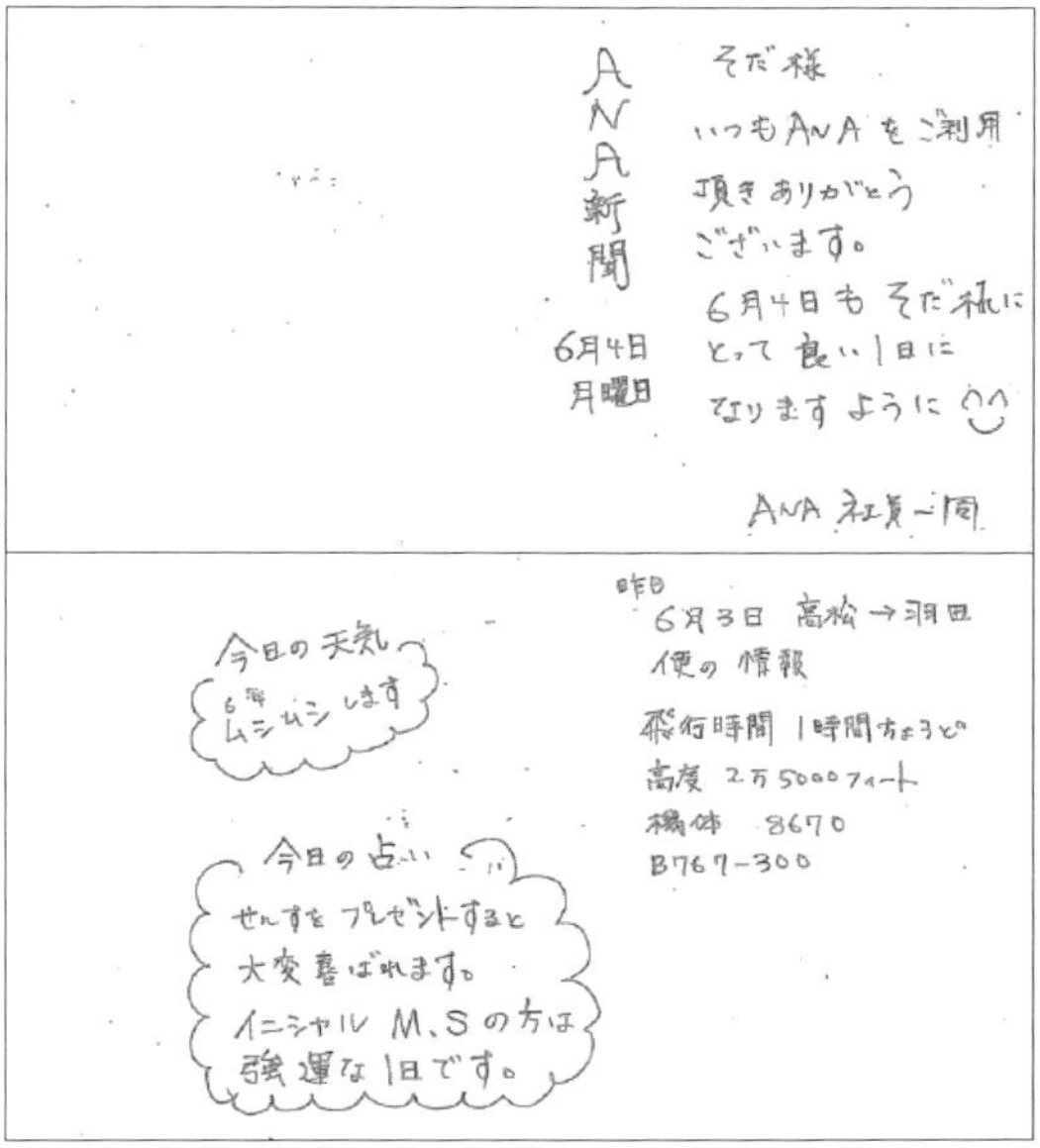
ANA新聞
6月4日
月曜日
そだ様
いつもANAをご利用頂きありがとうございます。
6月4日もそだ様にとって良い1日になりますように
ANA社員一同

昨日
6月3日 高松→羽田
便の情報
飛行時間 1時間ちょうど
高度 2万5000フィート
機体 8670
B767-300

今日の天気
ムシムシします

今日の占い
せんすをプレゼントすると大変喜ばれます。
イニシャル M.S の方は強運な1日です。

す。裏側には、今日のお天気、6月4日ですからムシムシします。今日の占いまで載っています。昨日になっていますが、今飛んでいる飛行機の高度、羽田へ向かっていますから、この便が今どのくらいのスピードでいるか、機体が何番だとか。いや、驚きました。ただただ感動でした。

この話を私は保護者の皆さんとか、学生に「考える力」のヒントとしていつも話しています。この発想と機転はすごいことですねと。さて、この話には続きがありまして、今年の6月のことでした。やはり講演を頼まれまして大分市に行く機会があり、その日はＪＡＬの夕方便に乗って現地へ行きました。その日はそれで終わったのですが、翌日、帰りは時間の関係もありましてＡＮＡ便に切り替えました。手続きに多少時間がかかり、地上勤務員の女性の方が「色々手続きに時間がかかって申し訳ありません。」とこういう訳です。「いや、大丈夫ですよ、実は昨年高松から東京行きの機内でお宅の会社にこんな素晴らしい人がおられて、今でもその時のことを忘れないでいるのです。」という話をしたんです。「あぁ、そんなことがあったんですか。私達も勉強して頑張りたいと思います」。その後、手続きも終わり、荷物を預けて機上の人になったのです。さて、羽田へ着きまして、荷物が出てきました。

「あれ、荷物の取っ手の所に何かついているようだ」と

思い、手にするとなんと、ピカチュウの絵が付いておりまして、「今日はご搭乗ありがとうございました。とても素敵なお話を聞いて…」その地上勤務の方もこうやって荷物の取っ手のところにつけてくれたんです。私は思わずこの会社の人達はなんてすごい人たちなんだろうと、当然思いましたね。

こういったことが学生達にこれから社会で生きていく中で、とてもいいアドバイスやヒントになるだろうと実は思っているんです。学生達はこの具体的なヒントは必ずものにしてくれます。これからもそれをずっと私は期待をしているところです。

事例２「偕老同穴」

皆さん「偕老同穴」という言葉をご存じですか？　若い人はわからないかもしれません。少し前の時代には、結婚式を上げると必ずお年寄りが、「今の二人を祝福して、偕老同穴という言葉をお贈りします」。会場で知っておられる人はおられませんか？　出雲大社に祀ってあるんです。出雲大社は縁結びの神様として名高い所ですが、不思議ですよね。

偕老同穴は、二酸化ケイ素（ガラス質）の骨格（骨片）を持ち、ガラス海綿とも呼ばれる海綿の仲間です。その外見の美しさから、しばしば観賞用として利用され、フィリピン海峡から日本の駿河湾あたりまで３００ｍくらいの海底に生息しています。神様が作ったような面白い生き物です。全体がガラス状で小さな穴が無数に開いていますので、その穴へドウケツエビが入り生息しています。小さい穴ですから、成長しますと出て来られなくなる。つまり昔の小説で言うと井伏鱒二の『山椒魚』みたいな状況になるのです。出て来られないものですから、エビは共食いをしますので、気がついたら雌と雄の一対しか残っていない。そこから、「共に人生を過ごして、最後は一緒に死を迎える」というのが偕老同穴の意味なんですが、こんな話を、結婚式場の経営者の方にしますと「いや、曽田さん、聞いたことはあるけど見たことはないよ。」と、こう言うわけです。それで飾ってみたらどうですかと、かなりの数をプレゼントしました。ところが最近は入手が難しくなくなり、値段は言いませんが、お宝になっています。こんな話をして、学生たちにアドバイスしますと、携帯やスマホに撮って「これ使わせてもらいます。」ということで、見事、第一志望のブライダル業界に就職できた学生もいました。学生たちはそういうヒントを大切にするわけです。

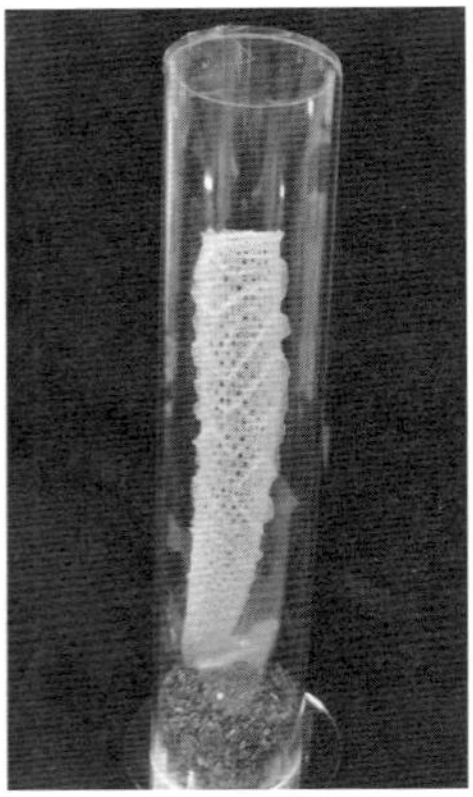
偕老同穴の全体像

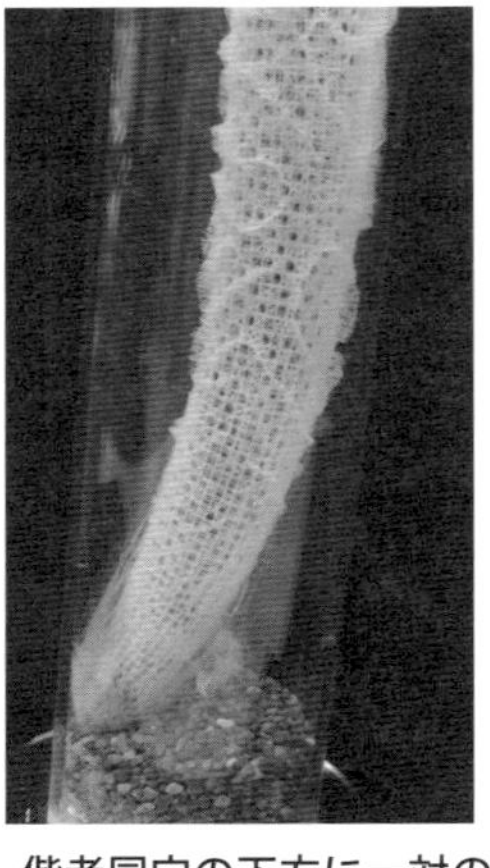
偕老同穴の下方に一対の海老が生息し、そのまま標本となっている。

事例3　「雨に濡れない傘」「忘れない傘」

もう一つ話をさせてもらいます。私は年に1回福井県に行く出張があるのですが、福井市に商工会議所があります。商工会議所に入りますと、正面玄関に「苦情処理箱」というのがあります。福井県の特産はメガネのフレームと洋傘が日本一の産地になっております。これはもうご存知ですね。その苦情処理箱に傘のクレームが入っていたんです。「雨に濡れない傘」や「忘れない傘を作ってほしい」と。

苦情処理箱といっても苦情ではないような気もしますが、さあそこで、福井県の業者の方は何を考え付きましたか。

忘れない傘は、携帯用の傘には取っ手に、ビニールの紐がついていますね。洋傘には取っ手はあまりついていないのでそれをつけ、取っ手のところに漆を塗ったわけです。漆を塗りますと1万円から高いと3万とか5万になっちゃうんですね。「お父さん、誕生日祝いだよ」と言って1万円の傘をプレゼントしますね。これはどこかに決して忘れられないですよ。怖くて。要するに付加価値を付けたんです。これが一つ。

ではもう一つは濡れない傘はどうやったと思いますか？　これは水をはじく傘にしたんですね。これはもういま普及していますから当たり前になってしまいましたが。

たったそれだけなんですが、このような発想が、こういうことが福井県であるんですと学生に話します。それがヒントになるんです。「あ、わかりました」。面白いですね。私たちがこういう例を出すだけでいろんな世界を感じてくれます。親子関係でもこのようなことが、あればいいのですが、「それは自分で考えろ」という親子になってはいけません。私たちは、そう言えば、「お父さんにはこのような体験が会ったな」「お母さんもそう言えばこんな経験があったわ」というような話し合いがもてるならば、大変嬉しいことであります。

9　CLICで法律相談やミニ講座の開催

さて、東海大学のこれまでの学生や保護者の皆さんにはどのような学生支援をやってきたんだろうということです。先ほど申しまし

CLIC 講座の案内ポスター

たように法律相談を月1回やっております。解決しないものもありますが、法律から見た内容で解決することも多々あります。

また月1回のミニ公開講座も開催しております。これは、学内にいる先生方には、たとえば、これは昼のお弁当しか出していないのですが、昼休みの30分間を「ＣＬＩＣ」の部署で学生たちに開放してやっています。授業が楽しくなる秘訣や、インターネット被害など、いろんなテーマがそれぞれに合ったようにしております。10年近くずっと続けております。

最近嬉しく思っているのは、昭和の時よりも、平成に入ってから学生の数が増えてきました。ただ、どうしてなのかよくわかりませんが、コミュニケーションが取れる学生たちは、何かいろいろな興味を持ち始めているんだろうと。コミュニケーションが取れない学生たちは興味が狭まりますから、そういうことかなと私の勝手な解釈で話をしております。

10　薬物から学生を守るための啓発活動

薬物から学生を守るための啓発活動。この事については今、大学では大変な問題になっております。日本の大学で早くに薬物の対策と啓発活動をしたのが私だったものですから、これが２００4年、色鮮やかなドラックの問

月１回　昼休みに CLIC 内で開催されるミニ講座の様子

題が起きた時です。これは若い人たちは飛びつくなと。窓から飛んで大けがをしたりとかいろいろありました。それで、大学の対応をどんなことをやってきたか書いてほしいということで、今はこの出版社はなくなりましたが学生支援機構から出ておりました『大学と学生』に寄稿したわけです。民主党の参議院議員の蓮舫さんが予算を削ったおかげで貴重な学術雑誌が消えてしまったわけです。

声を大にして、何らかの機会で学生たちにドラックは危険であることを伝えてください。東海大学は新入生のガイダンスで言いました。先に紹介しました学生向けコミュニケーション誌「CLIC NAVI」においても、薬物の怖さを特集しましたし、BaBニュースにおいても、何回か、大麻、薬物の怖さを警鐘する特集を組んでおります。本当に、大変なことが起きないうちに対策を立てておきましょうということなんです。

BaB ニュースで薬物・大麻防止の啓蒙

11 保護者を対象に大学近況報告会の開催

保護者対象に大学近況報告会を開催しています。大学の後援会は全国の都道府県全てに、また海外にもいくつかありますが、東海大学はいち早く、50年前に作りました。PTAのようなものと考えてもらえればよいと思います。最近は皆さん方の大学でもやっているのでおわかりかと思います。それを50年前にやりまして、今日まで来ております。教職員が学生生活の問題や就職活動のことなどを学生の出身地で面談をするのです。

また東海大学では、保護者向けに、「保護者が知っておきたい事例と対策　相談対応事例集」を年度ごとに作成し、配布しております。学びの相談や学生生活を送る上での留意事項などをQ＆A方式で解説し、保護者の不安の解消に役立っています。

この大学の近況報告は、一年生の保護者の皆さんに、５・６・７月の土、日曜日を使って行っている企画です。これは希望の県だけで、今は34県31地区。私も11県から13県位回るようになっています。まだ成績表の出る時期ではありませんが「あなたの子供さんはこういう勉強をしていますよ。」「今大学ではこういう諸問題が起きています。それに対応する部署はここですよ。」などいろいろありますが、何かあればどうぞ電話をください。

そして、携帯電話の入った名刺を配っています。何かあれば名刺を見ると、「あぁ、東海大学に入学して安心した。うちの子に何かあったらこの電話に連絡すればいいね」というようなことになるんです。これは大変なことですが、入学式でもどこでもいいんですが、何かの機会をどんどん作って、学生に名刺を渡し安心してもらっています。

学生サービスというのは。学生で成り立っている。そこに親も巻き込んでやらないとダメだということでもう少し力を入れてやっていきたいと考えております。

12　CLICによる発行物

CLICでは、いくつか定期的に発行物を出しています。

まず、『相談対応事例集』。一年間の活動とその相談内容をまとめたものです。次に、これが『BaBニュース』です。今、このBaBニュースは、年6回発行しております。記事は学生の中から「BaB記者」を募集しまして、記事作りに協力を願っております。相談事というのは季節によって変わってくることも多々ありますので、そういったテーマで年6回発行しております。

表紙は今月は旭川校舎の学生のデザインです。裏のページのグラビアにはクラブ活動を是非載せてほしいという学生の要望で掲載しております。最近は学科の先生方も、語学の先生ですけれど、「うちの学科活動が学生達に理解されていないので、載せてほしい。」などとそのような記事の売り込みもあり、紙面作りも面白くなってきました。

13　引きこもりをつくらないための学生支援にどう向き合ってきたか

さて、私が引きこもりをつくらないための学生支援にどう向き合ってきたか、日ごろ実践していることをお話しましょう。

①慌てず騒がずの心構え

実は相談事というのは、学生が口を開くときからドラマが始まっています。今日は淡々と話していますが、内容を聞いたらとんでもない大きな問題だったり、もう最初から泣いてくる学生もいます。深刻な顔をして来室したきた学生の話を聞くと、聞いた割には、たいしたことがないということもあります。

しかし、それは顔には出さない。顔と声に出すと向こうが驚く。こちらも慌ててしまうといろんなことが起きるといけないので、冷静に静かに聞く努力をしています。

②24時間いつでもＯＫの携帯電話の相談

私の一番大事にしていることは、携帯電話の相談は24時間いつでもＯＫですと言っております。これは、寝ている時間もありますが、24時間いつでもいいですよ。知っている方もおられると思いますが、私の8種類ある名刺にはすべて携帯番号と住所を入れているわけです。

学生には「会議の時間もあります。寝ている時間もあります。お酒を飲んでいる時間もあります。そういう時間もありますが、もし何かあったときに電話にメッセージを入れておいてください。試しにかけないで。本気でかけて下さい」と言っているのですが、本当に、電話が入ってくるわけです。

それで、タイミングがよければ、すぐ折り返し電話をかけます。保護者の皆さんや学生はそのときすぐ助けが欲しいわけです。日曜日もあります。大学のそれぞれの部署はみなお休みで、誰とも連絡が取れない。そういうとき電話で大学側の誰かと連絡がつけば、学生も保護者もとても安心します。もちろん私で解決できないこともあります。

「よくそんなことをやっていますね。自分の時間はどうするんですか」。とよく聞かれますが、この心構えで大学と学生の電話線はつながってはいないけれど、心と心がつながっているそういう誰かがいてもいいのではないかというつもりでやっております。

③ 悩み相談は工夫とアイデアで（名刺で初対面の学生と心をつなぐ）

名刺にも一工夫しました。名刺は、おずおずと不安げに来室してきた学生への初対面の緊張をほぐす、最初の大事なアイスブレークのチャンスです。そこで8種類の名刺を、「お屠蘇だ（おとソダ）」「クリームソーダ」「ドレミファそだシド」など、自分の曽田をだじゃれのように盛り込んで作成しました。顔写真も載せておかないとどんな人かわかりませんので、それを載せまして、そして8種類の名刺の中からどの名刺がいいのか、学生に選んでもらっております。

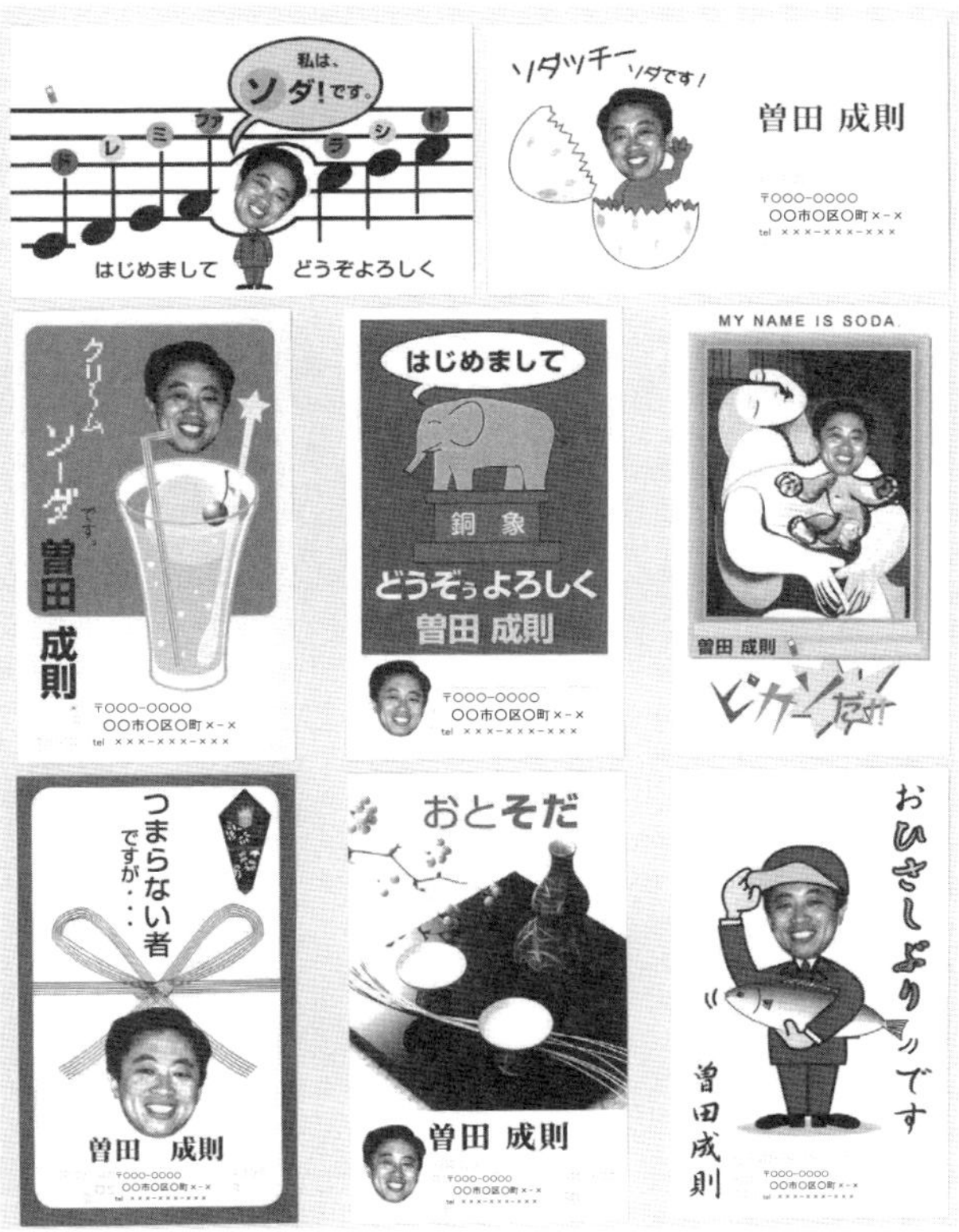

この名刺をみて、学生も悩みが消えてスッと笑顔になる日があるわけです。そこが狙いなんですが。学生と心がつながるまで行くかどうかは別として、学生への発信となることは間違いないようです。

8種類の名刺のなかのひとつに「ソダッチー」という名刺があるのですが、これは、学生が名づけてくれた私の綽名を名刺にしました。

最初は何を言っているのかわからなかったんですが、学生たちが皆「ソダッチー」と言ってやって来るのですね。あぁ、「曽田ッチー」という愛称か、それなら、このままこの愛称を名刺にしちゃおうと。単純な曽田でありますが、そんなことで学生達とつながっていると思っております。

④「声は人である」の実践、笑顔の磨き方トレーニング

「声は人である」。これは私のモットーです。これは皆さんも日頃経験があると思います。どの社会でもそうです。恋人同士で話をすれば声は明るくて、「あ、何かとても楽しいな。あの子と付き合ってよかった」とかいろいろありますね。ところが、年齢がいきますとね、家庭内の「おはよう」も何もない。お父さんのいびきがうるさい。部屋が別になる。これはもう寂しい限りですよね。そういうことがいっぱいあります。

これは職場でも同じです。「もしもし」と電話をかけます。一オクターブ低いとやっぱり暗い感じがします。暗い人には人は寄ってこない。明るい人には人が寄ってくる。イメージは自分で作るもので、人によって作られてはいけない。こういうことを学生たちはほとんど頭ではわかっていても理解していません。そのことを私は一生懸命に学生たちに伝えています。「声は一オクターブ上げて、いまから社会に出るための練習をするんだよ」と、この笑顔の練習から始めます。「この練習を一緒にしよう」「できません」。学生とはそんなやりとりをし

ながら、声と笑顔の訓練をしています。

ところが、去年の4月。3・11の地震が少し落ち着いた頃、私宛に1通の手紙が来たんです。大変嬉しかったのですが、どうしたかと言いますと、その女子学生が法律学科の一年生の、丁度4年前の入学式の日でした。眼鏡をかけてとっても暗いイメージの学生でした。どういう人生を送ってきたのかなとは聞きませんでしたが、ちょうど私は北京に行った帰りでしたので「お土産の手鏡があるんだけれど、もらってくれる?」「はい。」「大学に入ってこれから明るい人生を送るために笑顔の練習をしたらどうだろう。必ず1日1回は笑顔の練習をしましょう。」と伝えましたが、私はそれっきり忘れていました。その学生はときたま来ていましたが。4年後、卒業して1カ月頃か10日くらいですか。「手鏡をいただいたときに笑顔の練習をしなさいと言われたのを4年間守りました。そのお蔭で就職ができました」という感謝の手紙が来たんです。嬉しかったですね。思わず涙が出ました。

今年も一つ嬉しいことがありました。表彰状をもらった

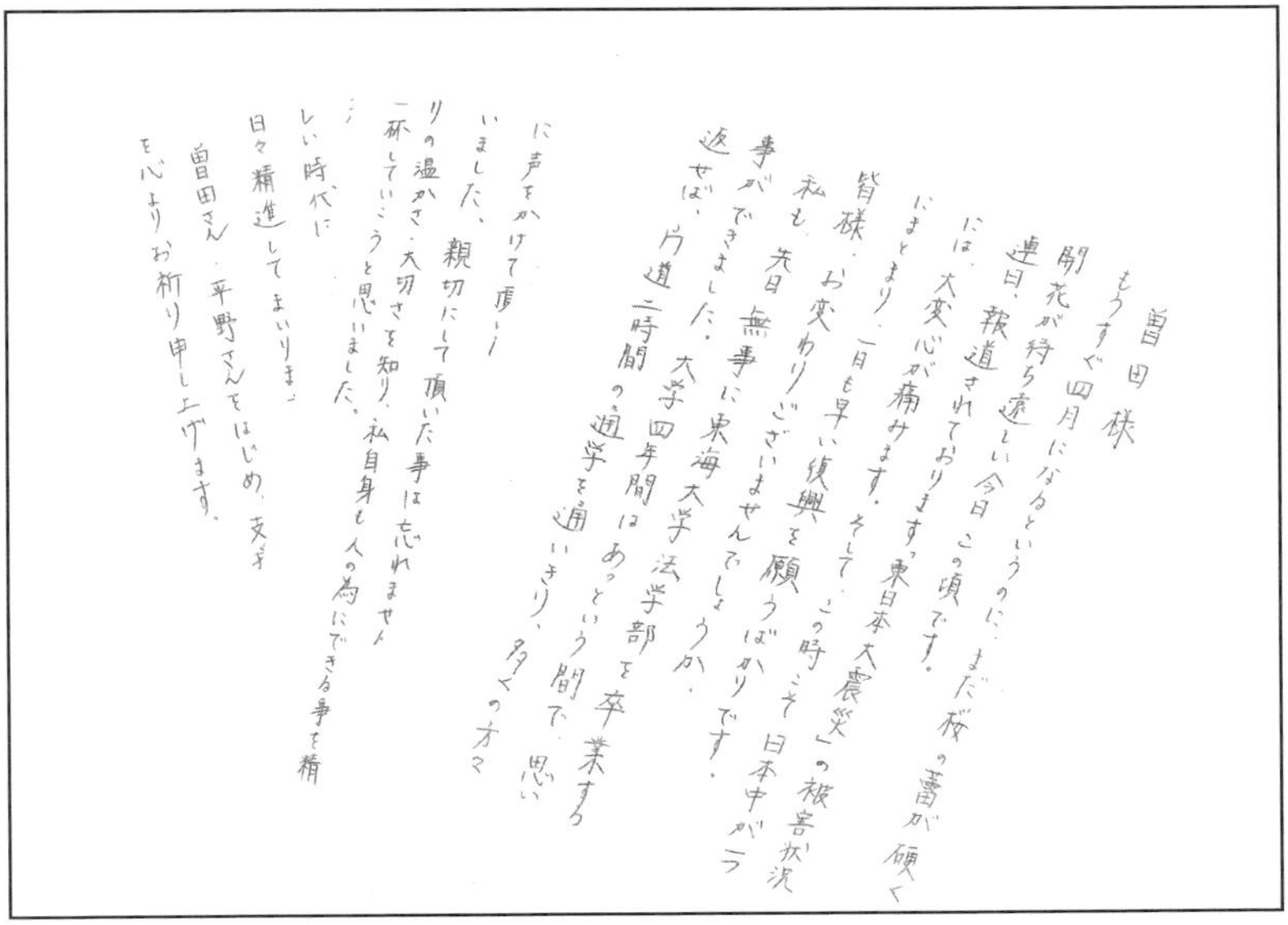

んです。卒業する女子学生だったのですが「表彰状をもらってくれますか」と言われて、何のことを言っているんだろうと思って、「卒業証書は今日、君がもらうんだろ?」と言ったら「いや、私はあなたにあげたい。あなたは悩める学生たちに数々の笑顔とチャンスを与えてくれました。あなたの手堅く純然な愛を称えてここに表彰します」と書いてありました。自分でみんなデザインしてくれたんです。たったこれだけのことなんですが、私はそこでホロリときました。

年がいくと涙もろくなるんですが、それぞれ学生がいろんなところで何かを考えてくれているんだと。人生の出会いはそこにあるんですね。皆さんの経験もいろいろおありだと思いますが、このようなことが私にとっては大変細やかな喜びの声としてここにあります。

そういうわけで声っていうのは大事だ、笑顔は大切だということでいつも言い続けているわけです。

⑤小論文のアドバイス

それからレポートや小論文のアドバイスをしています。これ

はもうどこの大学でも悩みですね。多くの学生達はなかなかレポートや小論文を書けません。大学は工科系はレポートですし、文系は小論文を書かないといけませんが、そういう練習を中学や高校では、ほとんどしていないわけです。

そうすると、そこに今度奨学金の短いレポートや何かに応募するときの小論文等800字、1000字位なのですが、学生達は論文の書き方、講座を聞いても書けませんね。論文の上手な書き方等の本を買っても書けませんね。やっぱり自分で書かないと。そしてそれをアドバイスしてくれる人がいないとできないわけです。私も何冊か本を書いた事がありますので少しは私のレベルで学生たちにアドバイスをしますと、学生たちが勇気をもって、大学を続けてくれます。

皆さんもやられておられたら当然ですが、もしこれからそのようなチャンスがあればアドバイスを是非していただければと思っています。

⑥大学の職員の窓口対応研修

教員と学生の間をつなぐのは私たち職員です。大学の職員の窓口対応研修。これはどこの大学も人事課を中心にやったり、あるいは既にやっておられるところもあろうかと思いますが、やっぱり窓口の最前線にいる私たちが、笑顔で学生達を迎えて言葉もしっかり伝え、そして学生たちと語り合う。そういう対応の研修をしないといけないと思います。

私もいくつか経験がありますが、これは関東の私立大学だけでやっている関東地区学生生活連絡協議会、聞いたことがあると思いますが、84校程が加盟しております。それから、神奈川に学生生活連絡協議会、神奈川県内にある国公私立大学56校程が加盟しておりますが、これも学生部系統ですが、そこでも年に1回の研修や集中して窓口の研修もやっております。

それから最近はクレームの問題もありますので、併せてクレーム対応の研修もやっております。このような問題は、これから避けて通れませんので、何らかの形で、聞くだけではない参加型の研修をやっていくべきだろうと、常に考えているところです。

14　今、学生支援で起こっていること、これから起こりえること

さて、これからお話することは今、大学でこれから起きようとしていること、あるいはすでに起きていることなどをまとめてみました。これはもう皆さんも現場におられますから、よくお分かりのことだと思います。

①多様化する学生への支援の問題

今、東海大学も含めて多くの大学はすでに学生たちはいろんな入試制度で入ってきましたので、学生は多様化しています。ここは今日は筑波大学ですので、特別支援学校など付属の高校がいくつかあると思いますが、私は今ちょっと悩んでいることがあります。聾唖の学生たちが他の高校を含めて何名か東海大学に入学してきました。大学の現状は伝えてあるのですが、やはり学生たちの本音が入ってきます。たとえば手話の授業を充実してほしいとか、すぐ文字になる機械がないのかと要求が幾つか出てまいります。他にも障害者用の施設はどうなっているかなど、私も日本障害者高等教育支援センターの皆様方のアドバイスをお伺いしながら進

めておりますが、社会福祉系統の大学は設備はうまくいっているかもしれません。総合大学ではなかなか細かいことまでは今のところできてはおりません。

今そういう悩みがありまして、ようやく教務課、学生支援課、会計課、人事課などと一体となって支援活動が少し動き出してきました。いろんな先生方と相談しながら手を携えて、やっております。できるところからやるという考えで。だいぶその努力が実りつつあるのですが、まだ最終的には「あの大学へ行きたい」ということにはなっておりませんが。

②何か頼れるものがほしい学生たち―なかなか自立できない学生たち

皆さんも大学でご経験がありますように、今、各大学でいくつか問題になっているのが、宗教関係のことだろうと思います。特に四月の新入生の入ってくる入学時期になりますと、活発に動きがあるのが宗教の勧誘の件です。実は数年前から関東地区学生生活連絡協議会では、開催日を利用して幾つかの大学から現状と注意喚起の報告会をやっており、その対策に努めております。この宗教のことが学生たちの頼れるものの中の一つに入っているわけです。それから薬に頼る。まさかとは思いますが、頼れるものは薬ではないのですが、その辺を私達が自立しにくい学生たち、自立するにはどうしたらいいかということを私達が強くアドバイスをしていかなければならないと思います。

③学生の心の健康管理―健康推進室に駆け込む学生の増加

各大学ではそれぞれ健康推進室や健康管理室とかいろんな名前がありますが、これは既に高校の延長で、どこの大学でもかなり満杯に近いことになっていると思います。大学では学生支援室あるいは学生相談室といろいろあると思いますが、一番行きたいところはやはり、小中高と昔から行っていた健康保健室がいいのかなということで、そのような理由での話は現場でよく聞いております。

④私語と騒音の問題

これは、東海大学においても既に起きています。学生生活支援室の相談の中にも教室が私語でうるさいので、何んとかならないか、携帯電話の音がするのでうるさいなど、平成の中頃から、90分授業がなかなか我慢できない学生が多くなっているのは、どこの大学でも起こっていることであります。

⑤大学専任教職員の少人数化の動き

本学でもそうなのですが、多くの大学の中でも、すでに派遣職員や臨時職員の方が、だいぶ多くなって参りました。学生数の減少とともに、専任の教職員の少人数化が始まっているということで、経営努力も必要ですが、そういった現実が目の前にあるということを理解をしていかなければなりません。派遣職員、臨時職員の方々で、どこまで学生に対応できるのか、24時間体制を求めることはまず無理でしょう。

⑥教員への新しい評価の動き

本学の資料をちょっと持ってまいりました。小さな冊子ですが、これはすでに、今年で5、6年になるでしょうか、皆さんの大学もやっておられるかもしれませんが、「良い授業をやっている先生」は学生のアンケートによって評価され新学期に発表されております。中には同じ先生もおられますが、毎年顔ぶれが変わって表彰されております。そういう時代なんだろうという理解をしております。もちろん皆さん方もその辺は一番大切なところだと思いますからお分かりだと思います。

15　これからの学生支援の在り方

さて、これからの学生支援の在り方はいったいどうしたらいいのだろうということです。具体的にはどこに重点を置いていったらいいのかという問題ですが、これは限りがございません。いま私が、いままで言ってきて、でもやっぱりこれは残っていくんだろうなと思うのは、クレーム対応とそれへの危機管理の強化です。

①クレーム対応と危機管理の強化

実はいま大きな悩みがあります。この間、連休明けにですね、小樽商大で飲酒の問題がありました。これは学内の敷地でやっているんです。救急車で運ばれて、心肺停止。亡くなったとは聞いておりませんが、実は、その事件の発生の何日か前、４日くらい前だったと思います。連休の始まるその頃です。本学のある運動部が届け出もしないで新入生歓迎会を開きまして、そこで一気飲みをさせたんです。監督も部長教員もいない中で。

救急車で二人が運ばれて、先輩はまぁなんとかクリアできたのですが、入ったばかりの新入生がブラックアウトしまして、病院から親に電話が入りました。それで保護者の方も、病院からと言うものですから、いたずらかなと思ったようなのですが、翌朝もまた電話が入るものですから、しかし学校からは連絡が一回もなかった。監督も問い合わせをしていません。やっと、学生の責任者に連絡がつきまして、大学には課外活動の届出は一切でておりませんでした。大変申しわけございませんとのことでした。

幸い学生は無事一日で退院したのですが、もう保護者の方はカンカンになっておりまして、現在、私が課外活動の責任者をやっているものですから、いくら謝りに行っても、まだ許してもらっていません。「責任を取れない者が来てもダメだ。」その一点張りです。「文章で出せ。お前は責任が取れないんなら帰れ。」帰れないですね。毎回1時間じっくりと説教を頂きまして、まだ解決は出来ておりません。

そんな問題も抱えながら、このクレーム対応と危機管理の強化。絶対にクレームから逃げてはダメなんですね。私はもう逃げたいところです。本当に。逃げてはダメだと。クレームというのは宝だと。そう思いながら皆さんに偉そうに言ってきたんですが、まさか自分の身の回りでこんなことになるとは思ってもみませんでしたので、いまは泣きの心境でいるところです。（注　このクレームについては、それから数日後に和解したことを付記します。）

②キャンパスハラスメントの対応について

それから、「キャンパスハラスメント」。これは何もキャンパスハラスメントという言葉があるわけではありませんが、キャンパス限定という方がいいのかもしれません。本学は工科系の学科が多くある大学なんです。三、四年生になりますとゼミや実験があります。それから大学院生。昔は工科系の先生は「何だ、君、そんな勉強の仕方だったら単位をやらないぞ。卒業もさせられない。」と先生は言うんです。そうすると、みんな何くそと来るわけです。今の学生はそのようなことを言われるとコロッと変わって、もう家を一歩も出れなくなりまして大学を休みます。保護者は「あの学科の先生はこんなことを言った。」体育系もないとは言いません。文系はそうでもないのですが、どこの大学も研修はやっているかと思いますが、もう少し掘り下げてやっていかないと、なかなか厳しいだろうと。

先生方は「どこが悪いんだ」とこうくるわけですが、学校に行けなくなったその人のことを思いますと、どこが悪いというわけにはいかないですね。そういった対策をもっと十分していかないといけない、こういうことになります。

③「心の病」に対する早期対応と学内外ネットワーク作り

それから「心の病」。これもネットワークを作っていかなければいけないわけです。これも先日新しいうつ病のことをＮＨＫが放送してくれました。これは現実にあるんです。このことをＮＨＫはいつ放送するかと思っておりましたら、この間ようやく放送してくれました。ある新書版でも新しいうつが流行っていることの紹介がありました。職場以外では実に明るいが、職場に来るとあの明るさはどこに行ったかわかりませんが、本当に暗くて、あそこが痛い、ここが痛い、やる気が全然見えない。そういう人たちが今社会に増えている。どうして増えたのか、今まではうつ病には薬の問題がありましたよね。今は割と簡単に出せる薬ができまして、それにより、従来よりうつが多くなったわけです。この話は別にいたしまして、相談を受けたところは学内のネットワークに連絡します。

つまり相談を受けたところはみんな窓口になるのです。学部、学科、指導教員、学生支援、教務、保護者などです。病院もネットワークをもって情報交換をしております。それで中には学生は「親には言わないでほしい」と言うこともありますが、それはそれとして、大切にしますが、それを超えてやらないといけない日が必ず来ますから。

今一番懸念されるのは臨床心理士の先生方が「ちょっと、これは秘密です。保護法がありますよ」ということがあります。このことも共有していかないと、これからは学生を救うことはできませんので、ネットワークにのせて、もちろん誰かに情報を漏らすことではないのですが、このことをちゃんとしていかないと、逆に大学が責められる時代が来ますので、きちっとしていかないといけないだろうと理解をしております。

④「大人になるための実践講座」開設→労働法への理解

「大人になるための実践講座」。これは本当はキャリア支援のエリアです。ところが、キャリア支援のエリアですが、学生の相談はいろんなところへ来ます。学生支援室にも来ますから、その中で一番の問題は、大学は学生を裸で卒業させていきます。裸というのは労働法についての、という意味です。みんな就職はしますが、社会へ出てからどうしたらいいのかということを忘れてしまっています。法律系とかいろんなところで商法を習う、労働法を習うところとかは別として、ほとんどの学生はあまり縁がありません。裸で卒業していきます。

ところが、会社に入ったときに、会社には相談できない。先輩でもなかなか出来ない。では、どうすればいいのかというと大学に相談に来るわけです。いまそういうパターンになっています そこで何が問題かというと、

「働くというのは何だ?・」「労働者というのは何に守られているのか」とそういうことが全く分からないんです。ですから私はキャリア支援に提案をして、もうこれは当然のことですが、こういう問題があるので、5時間目にやってほしいと。なかなか時間は取れませんので、5時間目でやっていますが、労働基本法、労働組合法、労働関係調整法など、社会に出たときにどうしたらいいのかということをわかるように、お願いしてもらっております。これは早い段階でしてもらわないと、いろんなトラブルの原因になります。

⑤学生とともに地域交流を意向した取組みを

もう一つは、学生とともに地域交流を意向した取り組みをしなければいけない。実はこれは都心にある大学とある程度郊外にある大学と、多少趣が変わるかと思いますが、なかなか地域との交流は難しいですね。今、実行している事がいくつかあります。スポーツ課というのがありまして、たとえばバスケットボールとか、ハンドボール、バレーボール。関係者と仲間は集まるのですが、多くの人々を呼ぶまでにはいかないわけです。オリンピック選手がいようが、全日本に何人出ていようが、全然無関心なわけです。それを学内で見えるようにしたんですね。たとえば箱根駅伝出場が決まった。壮行会を学内のみんなが通る場所でやろう。そうするとやっぱり一人、二人スターがいますから、女子学生が、色紙なんかを用意してくれていますから、それはうまくいくんですね。それからバスケットボールとか、バレーもそうですが、「イケメンがいるわよ」と学生が話をしている。また、近所の下宿組合の皆さんや商店街の皆さんなど、いろんなところに声をかけますと、入場料をワンコイン500円の料金を取っても、結構来てくれるんです。これがいま成功しつつあるんです。

地域には消防署があります。特にこの3・11がありましてから、みんな地域と大学がどうやって共存していったらいいか。地域は年寄りが多い。若者がいない。よそから来た若者だということで、この交流がなかなか難しいわけですが、今、私どもは消防署が地域には4ヶ所程ありますので、まず咄嗟の時に消防を中心とした応急処置ができないだろうかということで、クラブ活動を中心とする学生達にまず動いてもらう災害救援ボランティア講習会を企画し、3日間やると資格が取れますからそれをやっています。

今年は200名ほど集まりました。消防署も業績になりますし、大学生もそれで修了証が出ております。そうすると「地域でこんなことをやりました」と就職のときに言える。

今度はそれを更に発展させてボランティア○○委員みたいなのを作って、実は7月に秦野市と東海大学で提案をしまして、これを一つの地域交流の基礎にしようといま考えております。どこまでできるかは別として、何せ2万人のうちのかなりの人数が秦野市や平塚市に住んでいますので、交流を持てればと思っているところです。

自治会との交流はまだ十分ではありません。学生たちはなかなか自治会に入らないんです。それでたまに「自治会の会費」と言って、おじいさんが。気がついたら詐欺師だったり。本当に起きているんです。それっぽい人が来るんです。みんな「騙された私も悪い」と言うんですが、そういう現実も一方ではあるわけです。自治会との交流もしながら、そういう地域活動の貢献ができないだろうかと、これができたら結構面白いですね。

16　これからの社会変化に対して大学職員に求められるものは？

さて、これからの社会変化に対して大学職員に求められるものについてお話したいと思います。

①学生目線で寄り添う→学生の「生の声」を聞き学生が主人公であるという発想を徹底させよう。

学生というのは、年齢的にはもう社会の一員であると言われております。それを支えるのは私達ですから、学生の成長する一番の原点とは、そういった人たちと交流を持っていかないと成長はないわけです。それはボランティアであり、インターンシップとか地域の貢献活動などそういったものがいろいろ集まって何かができるわけです。そういったことを共同作業でやっていかなくてはいけないわけです。「学生の生の声」をどういうところで具体化していくかということなんです。大学に勤めている人間は目線を学生に置かなければいけません。それは人にもよりますが、目線は学生に置くのが当然ではないかという私の信念の一つです。

②事務職員が大学を変えていく

「事務職員が大学を変えていくという努力をしよう。」これはやはり当然のことですが、これだけ厳しい国際競争の中で、大学がどう生きていくかという問題があります。その中で、新しい事業をどうやって行くのか。仕事を待っている存在であってはいけません。もし私が経営者であったら何ができるんだろうかというような発想をどんどん自分で育てていく必要があるのだと思います。

それは人にいちいち言わなくてもいいんです。こうやって考えたらこんなことができるなというのを論文に載せることができるのか、あるいは何かまとめることができるのか、相手が学生であろうが、職員であろうが、先生であろうが、やはりそういう話し合いを持つ機会をもっていかないといけないだろうというふうに思っております。

③学生が成長するための教員と職員の役割

さて、「教員は専門教育、職員は人間教育に力を入れていく。」これは、私が前から言い続けていることですが、人間教育というのは私は市民教育、社会人教育だろうと思うのです。

この市民教育というのは、明治から大正になって国民の一人としての市民という考えはかなり発達してきたと思うのです。また昭和に入りまして少し流れが変わってきました。ある意味の民主主義ですが、それをもう少し枠を広げてもいいような市民社会、要するに社会に貢献のできる、市民教育ができていると思っています。特に3・11というのはすごい、世界の人たちが日本を見ていました。その中での日本の国民の人々の動きは整然としており、その動きを世界が見ていました。

いろいろ言われている平成の若者たちが、果たしてどうなっていくんだろうということですが、私はこれからの世界でも十分やっていけるんだろうと思っています。やはり3・11の経験はすごかったわけです。暴動が一つも起きていない。これはすごいことだと思っています。

そういう意味での市民教育をしていくうえで、私たち大学職員はそこで今度は何をやっていくかという職員の問題があります。私はここで、「生きるとは何ぞや」、「人生とは何ぞや」、「愛するとは何ぞや」「働くとは何ぞや」ということを、これが市民教育、人間教育の一つだと思っています。

学生たちとこのことを熱く語り合う、そのことができる職員でありたい。これは少し限定されていますが、そういったことが今はなされていない。面倒な議論や会話がスルッと抜けるようなことになっています。

でも若い人たちは今求めています。ひと頃はみんな職場でどうですか。「今日は飲みに行かない？」「今日は都合が悪いです。」といろいろあったと思います。この頃は少し変わってきております。職場でも学生たちも声をかけますと、当日はなかなか難しいですが、予約すると、ちゃんとみんな待ってくれます。一緒に飲みに行きます。みんな、大人の言葉を、先輩の話すことを聞きたいんです。そして、お酒の飲み方も分からないので、それもついでに教わって、「あぁ大学に来てよかった」という多くの学生達の声を聞きますと大変嬉しく思います。そういったことが現実に起きています。

お酒を飲むことがいいとか悪いとかではなく、もちろん未成年には飲ませませんが、そういう中で、人間の付き合い方を学ぶことは大切なことだと思うわけです。

私は結構楽しく、このように学生達と一緒しております。

17　最後に

最後に私が今一番考えていることは、学生を常に等身大で見つめ、一人の人間として生きていく、それが学生と職員、もちろん保護者も同窓会も一体となって、これからも学生支援を中心として活動していくことが大事ではないかと考えているところです。ちょうど時間になりましたので、本日はこれで終わらせていただきます。どうもご清聴ありがとうございました。

コラム

これからは職員も専門家の自覚を

平成17年度 学生指導教職員研修会　文化女子大学　講演録　抜粋

大学と教員と学生の心をつなぐ、その間に職員がおります。別に職員がどうこうということではなく、教員はもちろん、職員もこれからの時代はレベルを上げていかないといけません。

要するに、職員は日ごろ、窓口でいろいろなことに対応しています―履修の相談だとかアルバイトの相談だとか、奨学金の説明だとか、その他いろいろなことがありますが、職員も専門職員として勉強していかなければならないでしょう。

また、受験生の問題はいろいろあると思いますが、一度、入学した学生たちをできるだけ退学をさせない、除籍の問題はちょっと別かもしれませんが、できるだけ退学をさせない―この努力を私たちは一丸となって行っていかなければならないと思います。これが、私たちのこれからの大きな役目ではないでしょうか。

たとえば1万人の学生が在籍している大学ですと、日本の大学の中退率は文部科学省が平成10年に行った調査によると、4年の間で退学する学生の平均が約10％でした。

年間にすると、2.5％ですが、4学年を合計すると、やはり1年間で大学の在学生の10％が退学する計算となります。

ですから、1万人の学生が在籍している大学ですと、年間約100人が退学・除籍になっているのです。すると、1万人に対して100人ですから、学費が約100万円として、かけることのいくらかと計算すると、相当な損失になります。

そういったことを教職員の皆さんも考えておくべきだと思います。退学させない対策、これが学園を守ることにつながるのではないでしょうか。これからは職員も専門家の自覚をもってほしいものです。

6　大学生の窓口風景

大学生の窓口風景● 1

声掛けから始めた窓口オープン

２００２年の4月、学生生活支援室の窓口がオープンしました。前年の２００１年10月、暗中模索の半年を経て、ようやく開設にこぎつけたちょうど一ヶ月位たった頃だと思います。窓口にきた学生の動向を見ていて、あることにふと気がついたのです。支援室は「あのぅ…。」の一言から始まる世界であったということです。なぜかと言うと、「あのぅ…相談にのってほしい事があるんですが。」「あのぅ…私の話を聞いてもらえますか。」

その「あのぅ…。」なのです。

一方、「おはようございます」「こんにちは」の一言が言えなくて、なんとなく声を掛けられるのを待っている学生や、入室することになかなか決断がつかなくて、部屋の前でためらっている学生など、実に様々な学生達の姿を目にすることができました。ほんのチョットしたキッカケがつかめずに、迷いと勇気の入りまじった気持で学生達はそれぞれ相談にきているのです。

一方、たびたびデパートの売場と同じようなところもあるのかもしれないと感じた事もありました。

それはどういうことかと言いますと、支援室内の幾つかの資料を見にきている学生に、

「何か用がありますか。」「何かあったら声をかけてください。」と、話しかけたところ、学生がそれとなく部屋から出て行くことが続いたからです。先程、「デパートと同じではないのか」と言ったのは、例えば私がネクタイ売り場で「いい柄があれば1本買ってもいいが、今日は見るだけにしようかな」と迷っているような時、売り場の担当者から「どんな柄がいいですか」「これはどうですか」などと畳み掛けるように声を掛けられると、急に嫌気がさして、次の機会にしようかなと思いたくなってしまいます。まさにそんな感じ方ではなかったのかと勝手に想像してしまったのです。だから、「こんにちは」と声は掛けますが、少し様子をみてから対応を考えるようにしようと、スタッフ一同話しあったこともありました。

このようにいろいろな経験を経ながら、何らかの形で学生達は支援室を利用してくれたのです。当初、このように多くの学生利用は誰も考えなかったことであり、かなりの驚きがあったことを覚えています。

ところで、この12年間の学生を見ていて感じたことは当然のこととは言え、本当に人間が生きていく上で様々な事柄が起きていると感じた事です。また同時に、学生の入学年度によって、気質とでも言いますか、雰囲気が微妙に違うような発見もありました。大学という所は全国から学生が集まってくる場所なので、本来は「何々県の学生は…」というような断定的な言い方をしてしまいそうですが、それぞれの入学年度で調べてみると、また少しちがった特徴がみえてくるような気もします。

2、3の例をあげてみましょう。2002年度入学の学生は、前述したように多くの場合、会話が「あのぅ…。」から始まったような気がします。「何か用がありますか」「どういったことでしょうか」などと聞いてから、はじめて会話がスタートするといった具合でありましたが、全体的には大人しい内気の学生が多かったという印象が残っております。

２００３年度入学の学生は「おはようございます」「こんにちは」が言える、いわゆる挨拶の出来る学生が多かったように見受けられ、会話にメリハリもあり、全体的には明るい学生が多くみられました。

２００４年度入学の学生は、一言でいえば、心配性の学生が多いように感じられました。入学したその日から、3年先の履修の相談があったり、卒業後の就職をどうしたらよいかなど、かなりの数の質問が寄せられましたが、その一方で生活面では落し物をする学生が例年に比べ多くみられ、とてもおもしろい取り合わせの学年だと感じていたところです。

２００５年度入学の学生は、大人っぽい感じがする学生が多く、「今年の新入生は一体どこにいるのでしょう」と思いたくなる程、新入生らしくない学生が多かったように思われます。ただ、明日が待てない質問、例えば、「明日になれば掲示版で発表しますよ」というその明日が待てない質問をしてくる学生が多く見受けられました。

２００６年度入学の学生は昭和という年号の最後の学生ですが、２００６年問題といわれている学習指導要領の、いわゆる、ゆとり教育の一期生が入学してきたのですが、総合学習の成果といえるかどうか判定はできませんが、対人関係においてハッキリと会話ができ、話をしていてもコミュニケーションがとれるので楽しく感じられました。例えば質問でも、こんな事が聞きたいとか、このような場合はどうなっていますかとか、大人の会話ではあたり前のことがなかなか聞けない学生が多いなか、例年より会話の面で強い印象を受けたことを覚えております。

２００７年度の学生は、平成の年号の最初の学生でしたが、実を言うと、この年の学生はどうしてなのか、なかなか実像がつかめないというのが本音でありました。多くの大学関係者にも聞いてみましたが、どうも時代の狭間の中で生きている、そんな感じがしたのですが、一つ言えることは、昭和の最後から平成に入ってからの学生は「雑談する力」が以前よりかなりついていると言えるのかもしれません。このことはゆとり教育の一つの成果ではないかと考えております。これからが楽しみであります。

大学生の窓口風景●2

相談に来た時からドラマが始まる

「相談事は突然やってくる」とはよく言ったものですが、まさしく支援室でもその言葉通りにスタートします。学生が「ちょっと相談したいことがあるんですが…」と来室した時から、ある種の緊張が走りますが、学生の口をついて出る言葉の一言ひとことにも全神経が集中します。

「誰かに話を聞いてもらいたい。」

「私の夢を聞いてほしい。」

と言って、話しに来る学生がいるかと思えば、思い詰めたような表情で話し出す学生もおります。また、顔を紅色させながら、「人に聞かれたくないので」と面談室を希望する学生もおります。それぞれの学生達の、表情だけではわからない、その奥に隠されている言葉の中にドラマの始まりがあるのです。誰かがいみじくも言ったものです。

「大学生の人数分、いつも何かが起きている」のです。

ところで支援室の5名のスタッフも、それぞれの専門というか得意分野を持っておりますが、相談内容や学生の希望によっては担当者が入れ替わる事もあるのですが、多くの場合、そのまま面談に入ることになります。学生本人にとってはかなり深刻に考えての来室ですが、考えている割りには、それ程ではないと思える悩みであったり、またよくこれ程までにと思う位、釣り糸が絡まったような相談事など、「悩み」の相談には一刻を争うものまで含め、それぞれの学生の経験や知識の差によって、内容も大きく異なってきます。

ところで、スタッフの共通の姿勢は、学生達の目線であらゆる相談・案内を受け入れる、いわば〝よろず相談所〟に徹するということ、またそれぞれが学生と共に悩み、共に考えるという姿勢をモットーにしております。なんと言っても大切なことは、問題を解決する「力」がそれぞれのスタッフに備わっているかいないかで、アドバイスの仕方も大きく変わってきます。学生はいつも、出来るだけ具体的なアドバイスを求めているのです。

私達スタッフはこのことを決して忘れてはいけないし、またそのための努力をしていかなければいけません。多種多様な悩みを解決するという挑戦は、多くの場合、こうした努力の中から生まれてくるのです。

さて、相談に来る学生に対し、スタッフが気づいた事柄について、少しまとめてみましょう。

- 相談事はいつも突然やってくるということ。
- 共に悩み、共に考える姿勢が必要。
- 学生は出来るだけ具体的なアドバイスを求めている。
- 学生によって態度を変えてはいけない。
- 学生に対して熱意があるということを示す。
- 学生に対して表情、声、姿勢、会話、身なりなどに気を使うことを忘れない。

・学生にとって「私のことを理解してくれた」、「誠実に対応してくれている」という姿勢と心構えが必要。
・安請け合いや確実性のない約束はしない。
・電話での相談にも気持ちよく応ずるようにする。

以上、思いつくままに記してみましたが、勿論、これが全てということではありませんが、このようなことが幾つかの大切な部分になっているのではないかと考え、少しでも努力しているところであります。

大学生の窓口風景● 3

悩みの解決力は「インクの吸取紙」のように

今では、ほとんど目にすることがなくなってしまったものの一つに、「インクの吸取紙」があります。この「インクの吸取紙」はある程度の年令の人であれば、そう言えばそんな物があったなぁと思い出すでありましょうし、こだわりの感覚で今でも使っている人がいるかも知れません。また今の若い人達であれば「インクの吸取紙って何ですか?」ということになるのかも知れません。現に学生と話している時にこのインクの吸取紙の事に触れると、ほとんどの学生は知らないと答えます。無理もないことであります。

ここでなぜこのような話を持ち出したかと言いますと、学生の相談や悩みを聞く基本的な心構えは、この「インクの吸取紙」的な要素と対応が必要ではないかと考えているからです。

では「インクの吸取紙」とは一体どういう物なのか。実際はいたって簡単な物です。つまり、一本のペン先にインクをつけて紙や原稿用紙などに字などを書く筆記用具があります

インクの吸取紙

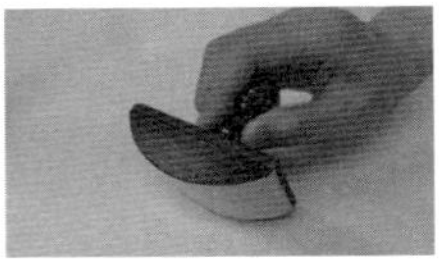

が、そのペン先にインクをつけ書いた用紙の上からU型の形をした曲線のある台を押しつけて余分なインクがにじまないように吸い取る台紙のことを言うのです。

学生の相談に応じているスタッフにとって、こうした状態の「吸い取る力」こそ、悩みを抱えている学生にとって是非とも必要な要素と考えています。あるいは似たようなものにスポンジがありますが、その水を吸い取る時の「吸収力」とでも言っていいでしょう。この力を持っている人こそが、学生の良き相談者であり、良き理解者であり、信頼関係を築くことが出来るのです。

多くの来談する学生達にとって、スタッフが「聞く」ことから「聴く」ことへと日々努力し続けるならば、そのスタッフは悩みを吸い取る力のある人として、学生にとって、大変力強い味方になる人と信じて疑わないからであります。

大学生の窓口風景● 4
「声は人である」をモットーに

学生が悩みごとで来室する場合、当然ながら明るい表情で相談に来ることは皆無です。それぞれの学生が明るく振るまおうと努力しても、結局は限度があり、余程のことがない限り「声」にも力がはいらず、自分自身でもそれを肌で感じながら相談に来ているのが常であります。

人は経験上「声」に対して実に敏感であり、元気があるかないかは、顔に表情があるのと同じように声にも表情があるからであります。もっと具体的に言えば、「声の表現力」とでもいった方がよいのかも知れません。

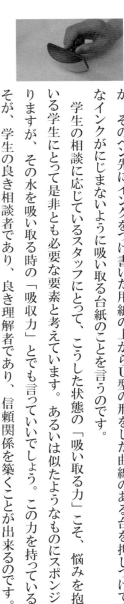

顔が見えない電話の場合は、そのことがより一層顕著に表れていると言えます。数年前から大きな社会問題になってきている「振り込め詐欺」事件などは、まさしくその「声」によって何十億もの被害が出ているのです。

そうは言っても、その人の持つ声の質や話し方で、イメージは大きく変わります。特に就職活動を控えた学生の中には、顔の表情といい、声の表現力といい、マイナスイメージの学生が実に多く見受けられます。本当は何とか自分を変えたいと思っていても、どこから変えたらよいのか、気がつかないままでいるからです。「声」こそ、最も大切な部分を占めているにも拘らず、日本の歴史の中では、あまり重要視されてきてはいなかったので当然と言えば当然であります。学校教育の中でも、そのことを教えるケースは今まで特になかったのではないかと思います。

例えば「おはよう」の一言でも、少しオクターブを上げて話す声では、少し低い声で話すよりも明るく聞こえるから不思議なことです。その明るい声のイメージを、まず自分自身で作る努力をする必要があります。「あの人のそばにいると、いつも明るいので元気が出る」と言うように、一度イメージ作りに成功すれば、人々は明るい声の人の側に寄ってくるのです。イメージは人によって作られるのではなく、自分で作るものなのです。声が明るければ、顔も自然と明るく、笑顔が出てくることは間違いないのです。就職活動中の学生にはよく、「会社は、明るいコミュニケーションのとれる、会話力のある人を採用するんですよ。」とアドバイスをしているところです。学生の中には明るくしようと思って努力している学生もおりますが、そうすぐに出来るものでもありません。そこで、「一度明るいイメージ作りに挑戦してみましょう」と話をしますと、半信半疑ではありますが、「すぐにでもやってみたい」と言って話に乗ってくる学生もおります。

顔の表情が硬くなっているので、希望する学生には、面談室で次のようなことから始めるようにしています。

・口を大きくあけ、左右上下に何度も口を動かす。
・舌を思いきり突き出して動かす。
・次に鏡を見ながら、笑顔の作り方とその表情や表現力の練習をする。
・声の出し方、例えば、高い声、低い声の出し方などの練習をする。

面談室では一対一なので、最初は男女学生問わず、恥ずかしがってぎこちない動きが続きますが、5分もするとかなり慣れてきます。そして、あとは毎日、朝晩に自宅やアパートで鏡を見ながら練習をするように伝え、一ヶ月もやれば相当上達しているはずなのですが…。

また「声」の出し方の練習で、自宅通学の学生にはまず家族から実践してみたらどうかと話をし、自宅玄関のドアを開けた時から、一オクターブ声を高くして「ただいまー」と大きく声を出す努力をしてみます。必ず、家族はその声を聞いて、「今日はどうしたの、何かいいことがあったの」と聞くでしょうからと…。まさしく答はその通りになって、学生の反応は驚きに変わり、びっくりし、やっぱりこの話は本当だったと確信するのです。一人住いの学生には、友人との出会いの時や、校内、教室等あるいはアルバイト先などで声を掛け合ってみたらどうかと伝え、常に意識して明るい「声」を出す練習をと勧めているところです。

本当は「声」にはもっと奥深い意味あいもあるのですが、このような事柄から一つのキッカケとして学生達の自立につながっていけばと考えているところです。

これこそが私がモットーとしている「声は人である」所以であります。

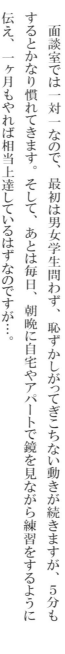

大学生の窓口風景●5

小論文やレポートの書き方アドバイス

学生支援室が窓口オープンしてから半年が経過した頃、かなりの学生が小論文の書き方で悩んでおり、相談件数もかなりあることに気がつきました。文系・理系を問わず教員から学生に対し、想像した以上にいろいろな課題が出されているのです。

学生は、例えば実験のレポート等の書き方の相談はあまりなかったのですが、文系のレポートになると極端に多くなって、その都度、書き方のアドバイスや文献、資料の集め方に至るまで相談に応ずるようになりました。いずれ本腰を入れての対応を考えていかなければいけない時期が必ずくるように思えたのです。

ところで、教員から出る課題を別にしますと、最も多かった相談は

①奨学金に応募した理由について
②転部科をする理由について
③海外留学をしたい理由は
④この会社に就職したい理由は何か
⑤この会社に入社したら何をしたいと思っているのか

など、６００字から１２００字あまりの文章に対するものが圧倒的に多くありました。

教育の現場では、論文やレポートの書き方の指導は常に古くて新しい課題でありますし、全国的にも、力を注ぎ大きな成果を上げている教育機関も沢山あると聞いております。確かに大学への進学率がすでに52％

に達しているという現状を目の当たりにしてみますと、多種多様な学生が進学してきている今、大変な労力がいることに気がつきます。

小論文の書き方やレポートの書き方の講演を聞いたからと言って、それがすぐに書けるものでもありません。学生の小論文提出日までの日時の問題もありますが、多くの場合、まず自分が考えていることを箇条書きでもいいですから、書いてみるようアドバイスをし、それから原稿に手を入れ、何度か書き直しをしていく内に、自分の文章になっていくわけですから、学生は、少しずつコツをつかむと同時に、本人もなんとなく力が入ってくるようになります。

次に、こちらから期限を決めて、幾つかテーマを出して書く練習をしていきますと、みるみる内に文章の上達が窺えるようになってきます。もうその頃になると、本人もかなり成果が見えてきますので、喜びをおさえながら、努力を惜しまないようになってくるのです。

こんなことの繰り返しをしながら、学生との交流を図っており、奨学金がもらえた、転部科が出来た、留学が出来たなど、学生達が嬉しそうに笑顔で報告に来る姿は、地味ではありますが、何か一つの仕事をやり遂げたという、達成感のある気持になるから不思議です。

このような事を書いておりますと、今の大学教育は、と言われてしまうかもしれませんが、実際は小学校から高校までの教育問題なのです。こうした問題は「よろず相談」ならではの話だと思うのですが、日本はいつ頃からこんな問題を抱えるようになってしまったのでしょうか、とても残念な気がします。

いずれにしても、コツコツと小さな努力の積み重ねから始まることでありますから、社会人になる前の短い時間の中で根気強くやらなければならないことの一つでありましょう。

大学生の窓口風景● 6

「相談事は24時間OKですよ」

学生との対応の中で、私は幾つか実践していることがあるので、学生が来室した時から順序立てて記してみたいと思います。

学生が来室した際は必ずこちら側から「おはようございます」あるいは「こんにちは」の声掛けをしたあと、自分の名前を相手に告げ、次に話す場所の位置、あるいは個室かテーブルにするかを、学生に決めてもらうようにしております。それから相談の内容を確認し、中味によってはお互いの連絡先を必要とすることもありますので、私の方からまず名刺を渡します。実は正式な名刺以外に、学生用に8枚のオリジナル名刺（詳細はP91に掲載）を作っていますので、その内の1枚を学生に選んでもらっています。少し工夫した名刺でありますが、例えば「ドレミファソダシド」、「ビカソダ」など駄洒落た名前に、顔写真と携帯電話番号の入った物で「相談は24時間いつでもOKですよ」と言って渡しております。保護者にも同様にこの名刺をいろいろな場面でお渡しするようにしております。

実はこの名刺への反応は、絶大です。名刺をみた途端、学生は「あっ」と声を出したり、笑顔になること受け合いなのです。深刻な相談をしていた学生ほど、一気に緊張がほぐれ、肩に入っていた力が抜けていく様子が手に取るように分かりますし、その場がたいそう和むのです。名刺を出すタイミングは、最初かあるいは話の途中、場合によっては最後と、その時々によっていろいろですが、小さなアイデアが学生の心を捉えた一瞬だと感じているのは、私一人の思い過ごしでしょうか。

そして、再度「何かあったらいつでもいいですから、この携帯に電話してくださいね。24時間OKですよ」と伝えます。そうはいっても実際問題として、友人と食事をしている時もあるでしょうし、その時々の私の置かれている状況をお話し、また、急ぎの時には話している相手の方にも了解を得て、学生や保護者の方に対し、電話に出るようにしております。学生から真夜中に電話が掛かってくることはまずないのですが、学生の持っているそれぞれの時間帯があって、夜の11時半位までが、今までで一番遅い時間帯として経験したことでしょうか。恐らく「何かあったら、いつでもいいですよ」というその言葉に、学生は安心してくれているように思えます。それぞれの携帯電話は、決してコードで繋がっているわけではないのですが、学生は目には見えない形で心と心で繋がっていると、感じてくれているような気がするからです。

大学生の窓口風景● 7

「ソダッチー」と呼ばれた日

早いものでもう何年前のことになるでしょうか。今も耳に鮮明に残っているある言葉が思い出されます。東海大学にとっては恒例の、夏の後援会が全国で一斉に行われていたある県での出来事です。

この「後援会」とは、東海大学が今から50年程前に、全国の都道府県にいち早く学生の保護者で構成する「各地区後援会」を作ったのが始まりですが、夏の一定期間に教職員が各県に出向いて成績表や授業の出席表を持って保護者と面談し、進路や就職など学生生活上のことを含めた種々の相談にのったり、アドバイスを行っている会合のことです。

当日の会場は県によって違いがでてきますが、県民会館、市民会館、公会堂、ホテルや地域によっては大学の付属施設などが利用されます。会場の中では、それぞれ学部別に面談場所が決まっており、それと同時に就職相談コーナー、学生生活相談コーナーなどに分かれており、私の担当は「学生生活相談コーナー」で何人かの保護者からの相談を受け、ちょうど一息いれようとしていた矢先のことでありました。

突然、どこからか声がし、何か呼ばれたような気がしたので、その声のする方に顔を向けますと、女性が二人私の方へ歩いてくるのが目に入りました。よく見ますと、一年生の時から支援室に顔を出してくれていたY子さんと、そのお母さんでした。そう言えば、この地はY子さんの出身地でした(本来は保護者の出席が中心になる会合ですが、ごく稀に、学生も同伴することがあります)。

「ソダッチー」もう一度、Y子さんから声が発せられました。今度はよく聞こえましたが、即座に母親の空をきる手の仕草が「あなたなんてことを言うの?」そんな感じに私には見てとれました。

一方、言われた私の方と言えば、少しの間、その場の情況が呑み込めず、今風に言えば、目が点になったと言うところですが、確かに「ソダッチー」と呼ばれたのです。

そして、「相談コーナー」で親子面談となったのですが、特に何か相談があったわけではなく、会合の案内状に私の名前が載っていましたので、Y子さんは私に会いに行こうということになったらしく、つまり、「ソダッチー」と親しみを持って、私を呼んでくれたのです。

さて、その後のY子さんと言えば、三年生の時は学生会の役員をやったり、就職活動も積極的に動き、四年生の春先の早い時期に損保関係の会社に内定が決まり、学生生活を充分に満喫し、四年前無事卒業してきました。いつも明るい元気なY子さんの将来が楽しみです。

ところで、私は今、この「ソダッチー」という呼名を結構気に入っており、いろいろな会合や講演をする機会があると、女子学生から「ソダッチー」と呼ばれているんですよと話をすると、皆、笑いとともに、「それはいいですね！」と頷いてくれます。こうしていると、今でも、「ソダッチー」と呼ばれたあの日の声の響きが耳から離れないでおり、そんな「ソダッチー」の名付親Y子さんに、心から感謝しております。

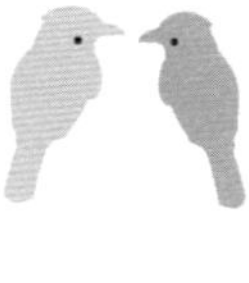

大学生の窓口風景●8

学生へのアドバイス①　ブライダルプランナーの話(就職編)

学生はできるだけ具体的なアドバイスを求めています。その事例の一つを紹介しましょう。

私は若い頃、よく結婚式の披露宴の司会を頼まれ、それこそ、北は北海道から南は九州沖縄までと、思い出すだけでも回数にして三桁以上は越えていたと記憶しています。今は年齢からしても、そのような依頼は全くと言っていい程無くなりましたが、地域によって仕来たりや習慣が違ったり、あるいは、それぞれのホテルや専門の式場での披露宴は様々な創意工夫があって、結構勉強になったような気がします。

さて、前置きが長くなってしまいましたが、4年前の3月上旬のことです。

就職活動で悩んでいる女子学生T子さんから、「もう会社を10社程落ちてしまい、今の私の状態では今後の活動はどうしたらいいのかわからない…。」と見るからに気落ちしている様子での相談がありました。

私「ところで、希望している職種は何ですか?」

T子さん「ブライダル関係なんですが…。」

私「それは落ちるのは無理もないでしょう」
T子さん「えっ!」
私「今、日本のブライダル関係の現状を話しますと、少子化の影響や経済不況もあって、ホテルや専門の会場では結婚式そのものが少なくなってきていますし、少し地味な結婚式やレストランなど様々な場所での式をあげることも多くなってきています。また、それぞれの会場も、結婚式だけでなく、多角経営の考え方で努力しています。それに人件費の問題もあって、正式な社員は出来るだけとらないで、派遣社員やアルバイトで対応しています。

こんな話をすると夢も希望もなくなってしまいますが、私がいい話を一つプレゼントしましょう。今度面接する時に、会社に提案してみてください。それは、こういうことです。

今、お隣の中国を見てください。11億人とも12億人とも言われる人々が犇《ひしめ》いていますが、中国国内で結婚式をあげたカップルはどの位になると思いますか。少し前の統計ですが、なんと838万組カップルですよ。特に上海、広州などを中心とした南の地域は、結婚式も実に派手で賑やかです。しかも新し物好きの人々が多いですからね。そこで、あなたの出番です。「私は中国に合弁会社を作って直接現地へ行って頑張ってみたいと思います。あるいは現地の会社と提携しながら、対応を考えてもいいと思います。」とこのような提案をしてみたらどうでしょうか。そして「私が先兵となって中国に行かせて下さい…」この話が実現するかどうかはわかりませんが、こんな感じで話しますと、きっと会社はあなたに注目してくれると思います。日本の結婚式場はアイデアやノウハウの蓄積が沢山あるわけですから、それを活用してみたらどうですか。」

T子さん「この話、貰っていいですか？」

私「どうぞ。そのかわり、自分でも中国のことを少し勉強して面接に望んでくださいね。」

T子さん「ありがとうございました。」

それから一ヶ月半位たった頃だったかと思いますが、その女子学生が顔を見せに来てくれ、見事ブライダル関係の会社に内定したという報告をしてくれました。私はその時ふと思いました。その女子学生は私との話の中で、確かなヒントをつかんで、面接をクリアしてくれたのだろうと…。

大学生の窓口風景●9

学生へのアドバイス②「偕老同穴」のこと（就職編）

ブライダルに関連した事で、もう一つ忘れられない話があるので、ご紹介したいと思います。

三年前の春先の頃だったと思いますが、支援室内で溜め息が聞こえる程、ぐったりした女子学生4人がテーブルを囲んでいました。

私「元気のない顔をしてどうしたの。みんな、溜め息ばかりついて…。」

A子さん「わかりますかー。今、私達就職活動しているんですけど、どこの会社もうまくいかなくて憂鬱な気持ちでこれからどうしたらいいか、悩んでいたところです。」

私「ああーそうなの。それは大変だね。ところで、みんなはどんな職業に就きたいと思っているの？」

B子さん「私は無理だと思うけどスチュワーデスになりたいと思っているんです。」
C子さん「私は金融というか銀行です。」
D子さん「私はブライダルプランナーになりたいと思っています。」
私「だいたいわかりました。ところで、みんなはどんな心構えで、面接を受けているの？ 一般論として聞いてほしいのだけれど、今の学生は多くの場合、自分を表現する努力が十分ではないような気がするんだけど。イメージは人によって作られるのではなくて、自分で作るものだと私は思っています。今日の皆さんの印象は残念ながら、自分作りをしていないような気がします。どうでしょうか。ほんのちょっとしたキッカケでイメージを変えることができます。またイメージを変えようと努力しないといけないと思います。時間があるなら、ちょっと練習してみますか？」
A子さん「実は私、明日面接があるんです」
私「それはちょうどよかった。練習してみましょうか…。それじゃー顔の筋肉を動かす練習から始めてみましょう。いいですか、まず、顔というか口を上下・左右交互に動かしてみてください。筋肉がだんだんやわらかくなってきましたよね。それから声を一オクターブ上げて出してみてください。なんとなく声が少し明るく聞こえるような気がしますね。わかりますか？ これだけで自分が大分変わりますよね。」
それから暫くの間、笑顔の作り方や声の出し方など気分転換も含めて、4人で面接の練習をしたのです。
私「ところで、ブライダルプランナーを希望しているD子さんは『偕老同穴』という言葉を知っていますか。」

D子さん「え？ そんな言葉は聞いたことがありません。」

私「そうですよね。年配の人は別にして今の若い人たちは、ほとんど知らないと思いますよ。本来は海綿動物の一種で、体は円筒形のかご状で、その中に雌雄一対の洞穴エビと名付けられたエビが住んでいるのです。一方で、その生き方は共に老い死んで同じ墓穴に葬られる意味から、いつまでも夫婦の仲が睦まじく契りの固いことの意味があるんです。島根県の出雲大社は縁結びの神殿として、よく知られていますが、その宝物殿には『偕老同穴』の標本が展示されています。私も一度見に行ってきました。ブライダル関係の仕事をしている人が、このことを知っていると相当の武器になるのではないでしょうか。

　面接では、このことを話してもよいのではないですか。そうそう丁度、『偕老同穴』を持っているので、お見せしましょう。」

そんなわけで、この日はたまたまグットタイミングで資料として使うために用意をしていたため、実物をみるのにはとてもよい機会であったと思い、学生たちは早速興味津々、それぞれの携帯電話のカメラ機能を使って思い思いに写真を撮っていきました。

世にも不思議な生き物を巡る話の一つとして記してみました。

大学生の窓口風景● 10

学生へのアドバイス ③ピンチはチャンスだ（就職編）

これから話すM君は二年生の頃、転部科のことでよく相談に来ていた学生です。

M君は感心なことに、親の家計の負担を少しでも軽くするためにと言って、時間を見つけてはアルバイトをしていましたが、特に、宅配便の会社でのアルバイトで重い荷物を運んだりするためか、よく、筋肉隆々とした腕の自慢をしておりました。私からみても、M君の身長156㎝程の小柄な体から、その両腕のたくましい筋肉をみるのは、実に頼もしく思ったものです。その M君が四年生になった時のことです。

「営業職であればどんな仕事でもいいのですが。」と言って、その都度面接時の話をしながら、就職活動に励んでおりましたが、なかなか内定が決まりません。とうとう、11社目の時でした。

M君「私はもう自信を失ってしまいました。どうしてこう落ちてばかりいるんでしょうか。頭の悪いせいでしょうか、それとも身長の低いせいでしょうか。」と、泣き声で訴えてきました。

私「そんなに悩むことではないと思いますよ。ただ、ピンチをチャンスに変えればいいんではないですか。」

M君「エッ、ピンチをチャンスに変える？　一体どういうことですか。」

私「まあ、少し私の話を聞いてみてください。あなたは自分の身長が低いということで、かなりのコンプレックスをもっているでしょ。そういう私だって162㎝しかない。でも親からもらったものですから、気にしていてもどうにもならない。それよりも、身長が低いというマイナスの考え方をプラスにかえる、つまり、ピンチをチャンスにかえる努力をすべきだと思います。それにはあなたが、自分に対して自信を持って発言していかなければ、会社は採用してくれません。少し勇気がいりますが、面接当日一発勝負ですがやってみますか。」

M君「……。」

私「当日、あなたは、自己紹介のあと、チャンスを作って自分から発言をしてください『ご覧の通り、私は身長156㎝の小さな身体ですが。』と、そこまで話したあと、おもむろに上着を脱いで、でも『私はこの通り、体力だけは自信をもっております。この体力と腕の力で会社を支える柱の一つになって努力したいと思っております。よろしくお願いします。』と。もし、会社の役員の方の何人かが笑顔や笑い声が出れば、もうしめたもんだと私は思っているのですがね。」

M君「今までが今までだったので、力一杯やってみます。」

それから何日かしたあと、M君が息を切らせやってきて、M君「面接のその場で、内定をもらいました。」と、涙目で私に握手を求めてきました。話を聞いていると、想像以上に面接がうまく運んだようです。いつもこのような話がすんなり決まるわけではないと思いますが、M君も覚悟をして望んだわけですから、その決意が会社にも十分に伝わったのではないかと私はみております。

何事でもそうですが、決意と努力と自信を相手に伝えない限り、決して自分の気持ちは理解はしてもらえませんし、自分の意志は伝わりません。アドバイスがダイヤモンドに化けた瞬間でありました。

大学生の窓口風景● 11

学生へのアドバイス④　卒業論文「芥川龍之介」のこと(教務編)

M君にはもう一つの思い出があります。彼は卒業論文に「芥川龍之介」を選んだのですが、芥川の自殺は、その生い立ちの中で、母親との関係が何か大きな原因になっているのではないかと考え、そのあたりを考察してみたいということでありました。ところが暫くした頃、M君が、「どの視点で的を絞ったらよいのか、すっかりわからなくなって困っている」と相談に来たのです。私も確かに、若い頃芥川の作品は読んだことはありましたが、昔のことですっかり忘れてしまっており、そこで、かなり思いつきで話をしてみたのです。

私「芥川の作品に『蜘蛛の糸』というのがあったと思うけれど、あの作品はまさしく芥川の死生観について実に見事に書かれているように思える。そのあたりに芥川本人の死に対する考え方、また母親への距離があったのではないかと思っている。だから『蜘蛛の糸』は短文ではあるけれど、芥川の心の奥底を覗いたような気がするんだが…。」

M君「今まで多くの学者や評論家が芥川の死に対していろいろな考察をしていますが、そのような見方は聞いたことがありませんね。」

私「ですから、私の…本当に思いつきの話ですから…。」

M君「でもいろんな背景を考えてみると私が悩んでいる何かの突破口になりそうな気がします。」

私「一つの例を話したわけだけれど、芥川の生き方の中で必ず作品の完成年度などを調べていくと、どこかにヒントや暗示があるはずだと私は思っています。」

M君「なんかこう気持ちの中で面白くなってきたような気がします。どうもありがとうございました。」

素人でなければ、とても思いつかない話ですが、M君はいたく感ずるところがあったようです。その後担当の指導教員が「芥川の研究の中では全く新しい視点に触れているように思うので、頑張って書くように」との言葉をもらったと言って、報告に来てくれました。ビックリしたのは私の方でした。途中一度、M君に中間報告的に原稿を見せてもらいましたが、なかなかよく書けているようでした。

12月のある日、暫く顔をみせていなかったM君がひょっこりと顔を出し、「今日は卒業論文の提出日なのできました。」と言って、提出予定の卒論のコピーを私の分まで持ってきてくれました。私は、M君の深い洞察力に敬服しながら、感慨深い思いも込めながら、一気に読破したのです。

M君は、すでに3年前に卒業していきましたが、後日会社の有給休暇を利用して、大学に立ち寄った際に、「おかげ様で卒論が評価され、学部の論文集に掲載されました。」と言って、その冊子をみせてくれ、私は改めて、彼は、アドバイスを最大限活用できるセンスを持っている人間だと思ったところです。

今は時々、会社での情況をメールで知らせてくれていますが、それなりに苦労しながら、明るく頑張っている様子が伝わってきています。しっかりと社会で羽ばたいてほしいと願わずにはいられません。

大学生の窓口風景●12

カギの話

支援室が立ち上がって間もない頃、偶然にも知人から、「実は私の息子があなたの大学でお世話になっている。今、就職活動で悩んでいるようなので、相談にのってやってくれないか」と話がありました。

長い間、交友関係が続いていたのですが、そういえば、不思議と息子さんの話は一度も聞いたことがありませんでした。それから間もなくして、「父から言われて来ました。現在、金庫や鍵関係の会社を中心に調べているところで、何とか頑張りたいと思っています。」と言って、彼はその都度情況を報告しに来てくれましたが、ある日、「二つの会社から内定をもらって、大変嬉しいが、どちらを選んだらよいのか選択に困っている」と相談がありました。勿論、話の中では、本人はすでに大筋どちらかに決めているようでありましたが、何人かの人達から話を聞きながら、結論を出そうとしているようにも見えました。

折りしもその頃の社会状況はと言えば、全国各地でマンションのピッキング被害が相当数あり、連日と言っていい程マスコミを賑わしていた頃でもあり、会社の選択という、大変重要な相談への対応としては、十分な知識もなく申し訳ないと思いましたが、結果的には一般論でその場での話としてしかできませんでした。

・一番基本的な事は、自分自身は本当はどちらの会社を選択したいと思っているのか。
・資本金や売り上げ、シェアの問題や会社の規模の事などは比較したのか。
・地理的な事(例えば自宅から通勤なのか、将来的には転勤でもかまわないのかなど)はどうか。
・社風や社員の気質などはどうか。
・賃金はどうなっているか。
・厚生施設などはどうなっているか。

など、大きく分けてもこの位はあると思うのですが、本人の気持ちを確認しながら結論を出したらどうかとアドバイスしました。その後、彼は最終的には、金庫関係の会社を選択したようでした。

それから二ヶ月位たったある日、彼からアルバイトで貯めたお金で、学生時代の思い出に、中国へ卒業旅行に行きたいと思っているが、中国のことを少し聞かせてほしいと話がありました。二十数年間断続的に、中国大陸を見続けてきた私の経験から思っている事を一通り話したあと、「せっかく中国に行くのだから、金庫や鍵などを見てくるということを、テーマの一つに入れたらどうですか。異文化の中でその国ではどのような形で発達していったのか、歴史のある国だけに調べてみるのもおもしろいのでは?」と、付け加えてみますと、彼はパっと眼を輝かせ、「それはおもしろいですね。旅先の夢が少し膨らんできました。」と言って帰って行きました。

いずれ彼が会社に入社した時に、この経験は少なからずキーポイントになるだろうと考えてのことでした。

彼も社会人になってすでに七年が経過しました。先日もその知人と話をしていたら、「息子も元気で仕事をしているよ。」とのことでありました。子供のことでは多くを語らなかったのですが、父親としての優しさが自然と伝わってきて、私もなんとなくその日は嬉しくなったのです。

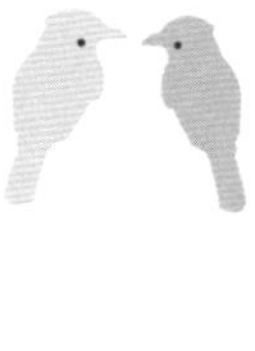

大学生の窓口風景● 13

「カレー屋のおばさん」のこと

もう何十年にもわたって大学の近くでカレー店を営んでいる方がおられます。私も時々食事にいくのですが、長い間、学生や教職員にとって、この地域では大変人気のあるお店の一つです。なんといっても一番の魅力は、大きなジャガイモを中心に具が山盛りで出てくることと、何十年も変わらない「おふくろの味」でありましょう。誰もが一度は聞いてみたい言葉に、「このカレーの隠し味は何ですか?」。更にもう一つの大きな魅力は、人柄は勿論のこと、聞き上手な方という点でありましょう。何十年とお店をやっているため、現役の学生から、卒業生に至るまで実によく知っておられる。特に何々クラブの先輩にこういう人がいて、故郷はどことか、今はこんな仕事をしているなど、いろいろなことがおばさんの頭の中にびっしりと刻みこまれていることです。

そんなわけで、当然常連の学生も沢山いるわけで、それぞれが青春時代の思い出となっていることがわかります。そして、いつの間にか親代わりと言っては何ですが、多くの学生がいろいろな悩みを打ち明け、随分と相談にのってもらっていたようです。またおばさんも、自分の子どものように学生の顔色や体調などをみながら、いろいろと心配してくれていたのです。卒業生の中には、昔お世話になったことで、結婚式の招待状をお送りし、出席をお願いしたりと、とても微笑ましい話が今でも沢山伝わってきています。人と人のつながりが本当に大切だということが痛いほどわかります。

私が、何年か前に、カレー屋のおばさんに今新しくこんな仕事に就いているという話をしたことがありましたが、そんなある日、学生が私を名指しで、相談にのってほしいと訪ねてきたことがありました。初めてみる学生であったので、「どうしたんですか。」と聞くと、「カレー屋のおばさんの紹介で来ました。」とのことでした。この学生の相談内容は相当複雑な内容でしたが、その後も一年に一人位の割合で、「カレー屋のおばさんの紹介で」と言っては、学生達が訪ねてきてくれます。

このように、地域の中で、母親代わりを務めていただいている「お母さん」がいるということは、学生にとっても本当にありがたいことであり、私達スタッフも日々大変感謝しているところです。一つの例としてご紹介させていただきました。

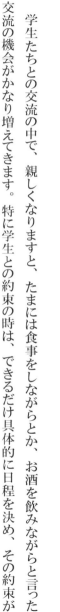

大学生の窓口風景● 14

学生との交流の中で

学生たちとの交流の中で、親しくなりますと、たまには食事をしながらとか、お酒を飲みながらと言った交流の機会がかなり増えてきます。特に学生との約束の時は、できるだけ具体的に日程を決め、その約束が話しだけに終わらないように努めております。大人同士の挨拶代わりの「今度一杯やりましょう」というのとは明らかに分けております。

ところで、最近の学生達はどのようなお酒の飲み方をしているのか、大いに興味の沸くところです。今、私が勤めている大学のキャンパスは、都心から少し離れた郊外といったところに立地しており、御多分に漏れず、この付近は全国的にあるいは地域的に展開している居酒屋のチェーン店などもあり、学生街の一つと言えるでしょう。新学期や卒業時期は勿論のこと、学生のクラブ活動や、サークル、ゼミなどの学生利用など、その都度いろいろな会合もあって、結構にぎやかな街となっています。

そんな中で、2007年のサブプライムローン、2008年のリーマンショックなどの世界的な経済状況が、学生のコンパ(学生などが仲間で費用を出し合って飲食する親睦会のことの意)代にも、確実に影響がでてきているようです。

では、この地域での学生のコンパ料金はどの位でしょうか。だいたい二時間飲み放題で、一人2000円から4000円位あたりが多くみられるようです。料理もそれなりで、分量の多いものがお皿を飾っており、例えば、鳥の唐揚げ、野菜スティックやフライドポテトなどを中心にご飯物など、あとは値段で変わってきます。私と学生とのコンパなどは、それこそ多くの場合、会費制でやっています。数人の場合や親しく交流を持っている学生には、御馳走することもありますが、そうした交流の中で、5、6年前までの学生は、会話やコミュニケーションの取り方にあまり慣れていないため、最初はかなり緊張していますが、時間が経つにしたがって少しずつ慣れて、話にも参加してきます。ここ4、5年の「ゆとり教育世代」の学生は以前よりは会話がとてもとりやすくなってきているような気がします。

彼らの飲み物はどうかといいますと、未成年は、もちろんジュースやコーラ、ウーロン茶などが中心になります。成人はと言いますと、ここ5、6年の傾向だと思われますが、男女の区別なく、カクテルを中心に飲んでいる学生が多くみられるようになってきました。居酒屋でカクテルとは面白い組み合せですが、カクテルそのものは、すでに出来合いのものであり、見ているとメニューも豊富に揃っていて、一度はひととおり飲んでみるのもいいのかなと思ってしまうこともありましたが、この光景は、遠い昔を思い出すような気もしました。

確か昭和40年代の中頃だったと思いますが、当時の若者の間に短い期間ではありましたが、カクテルブームがあったような思い出があります。カクテル、バーでプロのバーテンダーが「いらっしゃいませ。何になさいますか。」と言ってシェイカーを振るようなおしゃれな話ではなく、アルバイトがにわか作りのカクテルを作るわけで、その都度、味が変わるような、そんな時代でありまして、それにしても今の若い人々は、あの甘いカクテルを何杯もよく飲めるものだと感心しているところでもあります。

ひところ、救急車騒ぎや死亡事故につながるなど、なにかと話題になった「一気飲み」は現在では殆ど無くなりつつあります。大学でも当然のこととは言え、事故につながるこのような行為を放置したままでいいわけがなく、学生生活の中で特に「飲酒」や「喫煙」については、マナーの向上も含めた啓発活動に力を入れております。

昨年末のあるクラブの納会に参加した時のことです。学生70名位の部員のいるクラブでしたが、宴もたけなわの頃、少し離れた席の方から「一気、一気」のかけ声がかかり、拍手まで聞こえるようになってしまいました。私は驚き慌てて、「お酒の一気飲みはよくないぞー、すぐにやめなさい！」と大きな声をあげてしまいました。すぐに学生から返ってきた答はなんと「これはジュースでーす！」

私はすっかり学生達に、担がれてしまったのです。

大学生の窓口風景● 15

留学生との幾つかの思い出

東海大学には、当時は世界各地から500人程の留学生が学びにきておりました。国別の人数の多い順でみますと、中国、タイ、韓国、マレーシア、台湾、ベトナムの順となっております。この12年間、学生生活支援室を通して多くの留学生と交流を持ちましたが、何人か忘れられない留学生がいることも確かです。

その中でも特に忘れられない一人の人物は、東海大学とモスクワ大学の交換協定に基づいて、2003年の秋学期に来日したピョートル君のことです。彼は会った時から、人懐っこい感じのする青年で、ずっと以前からよく知っていたような打ち解けた雰囲気で接することができました。しかもより親しくなったキッカケは、私がソ連時代から二十数年間にわたり、シベリアの旅をしていて、その流れの中から、2回程モスクワ大学へも訪問する機会があったからです。しかも偶然、ピョートル君の先輩と知り合いであったことも、より親密な交流となっていったのです。彼は学生生活支援室に毎日のように顔を見せに来てくれ、日本のあらゆることに興味を示し、私もしっかり答えられるよう勉強しなければいけないと考えることもしばしばでありました。モスクワ大学から来た彼の友人たちとも仲間になり、食事も何度かする機会をもち、その都度楽しい会話に花が咲いたものです。

ある時、ピョートル君の両親はモスクワに住んでいるのですが、是非日本を訪問したいとの相談がありました。この頃のロシア人の入国は、法務省や外務省など単独での入国手続きについては、大変複雑でした。しかし、ロシアは丁度、世界の石油需要の関係で景気がかなり上向いており、運のいいことにモスクワではちょっとした

日本ブームが起きていたのです。旅行社は、日本への団体ツアーを相当数組んでおり、いろいろ考えた末にそのツアーに便乗し、両親の来日を実現しようということになって、計画は実行に移されましたが、旅行日程は、10日間位で、両親が東京に三泊する予定の一晩を空けてもらい、霞が関ビル33階の東海大学校友会館(当時)のレストランにご招待し、通訳は当然ピョートル君ということで、楽しい一刻を過ごしたのです。

その話の中で、ピョートル君の父親は不動産業を営んでいるらしく、「今、モスクワでは不動産ブームが起きており、アパートを作っても作っても、需要は追いつかない状態です。」ということでありました。確かに、モスクワ市内は老朽化したアパート群が多くを占めており、大変ですということはわかっていましたが、日本にいて、遥か彼方のモスクワの現状を直接聞けるというのも楽しいものでした。

そのピョートル君が、今度は、将来を誓い合った彼女を短期間ですが、日本に呼びたい、と言って日程を決めてきました。彼女はモスクワ大学の大学院で理系の勉強をしているといい、当日は都内の和風レストランで会食となりました。今回もピョートル君が通訳兼務ということでスタートしましたが、当然彼女は日本は初めてのことであり、全てに対し、珍しそうに対応していました。物静かな気品のある若婦人といった方が正確のような気もしましたが、出てくる料理にこれはどういうものかなどと聞きながら、少しずつ味わっていく様子はとても微笑ましい感じでした。

そうこうしている内に、ピョートル君の一年間の留学期間はあっという間に過ぎてしまい、ある意味悲しい別れがきてしまいました。お互いの再会を誓い、新たなスタートをしたのです。

その後は時々モスクワから電話があったり、私からも連絡をとったりと会話はとぎれることはありませんでしが、２００５年のはじめ、携帯電話の留守電話にモスクワから1本の電話が入っていました。ピョートル君からです。この年の3月25日から9月25日まで愛知県で開かれる愛・地球博のロシア館に日本語通訳として来日するので、「一度お会いしたい」とのことでした。私は大変運のいいことに5月21日から23日、名古屋大学で第23回日本学生相談学会があり、学会発表する予定になっていたのです。

その日はあっという間にやってきました。学会発表も終わり、名古屋市内で再会することができたのです。この愛知万博で一番の目玉はシベリアで発掘されたマンモスの化石でした。実は私もマンモス博物館は二十数年のシベリアの旅の中で、かなりの数を見学していました。ピョートル君もそのことを理解していたので、当然話題はマンモスの化石に集中し、満足のいくものでした。

2007年の夏、久し振りにまたピョートル君から電話が入りました。

「彼女の大学院卒業を待って、ようやく結婚することが出来ました。新婚旅行は二人で日本へ行くことに決めました。その際、是非会いたいと思っています。よろしく」ということでした。この電話を聞いたあと、私の心の中は大きな感動で埋め尽くされていました。本当に嬉しく感じたのです。

そして、いよいよ再会の日がやってきました。相変わらずピョートル君の人懐っこさに触れながら、新婦も親しみのこもった眼差しで、喜びの再会をすることができたのでした。積もる話も沢山ありましたが、年令を越えた人と人の出会いとつながりを不思議に思いつつ、夜も深けていきました。

ところで、話の中でピョートル君は今、読売新聞のモスクワ支局に勤めているということでした。私はてっきり、お父さんの不動産業の手伝いかと思っていたのですが、予想は違っていました。ピョートル君が言うには、「読売新聞が、少し前プーチン首相の単独インタビューに成功した日があったと思いますが、あれは私の初手柄だ。」と言って、嬉しそうに話してくれていたことを今でもよく覚えています。今後の活躍を期待したいものです。

大学生の窓口風景● 16
日本の「お父さん」と呼ばれた日

このところ、モンゴルからも毎年、5、6人ではありますが、留学生が来てくれています。その学生たちの中には、モンゴル柔道界で第二位の選手がいたり、子どもの頃、横綱朝青龍(当時)と家が隣で(といっても、一、二㎞は離れているらしい)、よくモンゴル相撲を取っていたという青年もいたり、それこそ様々でした。

留学生は比較的女性の方が多く、話をよく聞いてみますと、「私は主婦で小さい子どもが一人いますが、国の母に面倒をみてもらい、日本に留学に来ました。」という話があったのですが、そのような女子留学生が3人程いたのにには少しばかり驚いてしまいました。

とにかく、一生懸命勉強している姿をみると、頭が下がる思いで一杯です。

さて、学生生活支援室の立ち上げた頃の話ですが、留学生のために室内で各国の民族音楽を流していたある日のことでした。丁度、ロシアの民族音楽が室内に流れている時のことです。今まで挨拶だけはきちっとしていたモンゴルの女子留学生が、「あっ、これはロシアの音楽だ。懐かしい!」と声をあげたのです。

私は思わず、「どうして知っているの?」と聞きました。「実は、日本に来る前に、ロシアのイルクーツクの大学で一年間留学していたことがあるんです。」

確かに、地図上ではモンゴルの首都ウランバートルから、イルクーツクは飛行機で一時間程で行ける距離ではあります。学問に国境はないというのは、まさにこのようなことを言うのかと思ったのです。

ところで私もつい得意になって、「イルクーツクには何回も行ったことがあるんですよ、特にバイカル湖はとてもきれいな湖だったね。」と話してみました。彼女は残念ながら、バイカル湖へは行ったことはないと言っていましたが、「その『バイカル』という言葉は、実はモンゴル語なんですよ。」と教えてくれました。

それをキッカケに、イルクーツクの街の話など、お互いに時間の経つのを忘れてしまう程話し込んでしまったのです。その後、どうも口コミで、モンゴルの留学生の間に私の話が広まっていったようで、「なんかわからないことがあったら、学生支援室に行くように…」と。

その中に、日本に来てはみたものの、国へ帰りたいという里心がついた女子留学生がおり、とうとう両親が心配のあまり来日し、学生生活支援室へ相談にきたのです。

このような相談は、実はすぐに解決するわけではないのですが、日本にいても、一人ではなく、身近にしっかりと相談にのってくれる誰かがいてくれるという安心感があれば、本人も納得するのです。

母親から「お願いがあります。」と言葉が出ました。「できれば留学している間、この子の日本のお父さんになってもらえませんか?」私はちょっと驚きましたが、「本人さえよければいいですよ。」と返事をしました。その言葉を聞いて、本人もほっとした様子で、「お願いします。」ということになったのです。

もともと口数の少ないおとなしい留学生だったのですが、これをキッカケに週に何回か訪ねてくるようになって、今では校舎のなかですれちがった時など、ニコニコと話し掛けてくるようにもなり、何の心配もなく元気に通学している様子がみられ、大変嬉しく思っているところです。

大学生の窓口風景● 17

女子留学生のチャレンジ精神

中国の東北部からも多くの留学生がきていますが、皆、一生懸命に勉強しております。その中でも特に女子留学生の努力の仕方は半端ではありません。国元からの仕送りもままならない状態の中で、大学の奨学金制度をしっかりと調べ、目標を立てて、チャレンジしている姿には頭が下がる思いでいっぱいです。しかも驚くことに、奨学金の中から、アパート代、食事代など、一番大変な授業料までもやりくりしているのです。私はその慎ましい生き方に、いつも脱帽しております。

さて、一人の東北部出身の女子留学生との出会いの話です。何かドラマがあったというわけではないのですが、明るくひたむきに一貫した生き方をしている彼女のことについて、記してみたくなったのです。

当時大学二年生だった彼女は、私のよく知っている学生の、私的な中国語を教えている先生として登場しました。それを契機に、学生生活支援室に時どき近況を話しにくるといった感じで、よく利用してくれ、何か困ったことがあっての来室ではなかったのですが、三人で会食をし、それぞれの国の話や家族のことなど沢山話すことがたびたびありました。

彼女の家は、母一人子一人ということでありましたが、その彼女の頑張りで、四年生の時、母親を日本に招待したのです。またある時は、相談があるというので話を聞いてみますと、「従兄が私から日本の話を聞いて、どうしても東海大学の大学院で経営の勉強をしたい」と言っているので、相談にのってほしいとのことでした。

彼は中国の大学を卒業後、大手銀行に勤めていましたが、一度の人生をもっと高い志で頑張ってみたいとの決意を新たに来日したのです。彼女の方はその後も相変わらず成績は常にトップで、大学院に進学したのち無事卒業し、さらに三ヶ月間フィジーで英会話の勉強をし、２００９年4月から大阪に本社がある大手電器会社に就職が決定し、元気に勤務しております。従兄はといえば、２００９年3月大学院を無事卒業し、４月からはフランスの大学院に進学する予定で、すでに旅立って行ってしまいました。

今私は、人それぞれの生き方、考え方は、年令に関係なく、沢山の留学生から多くのことを学ぶことができたと思っています。改めて、私の心を問うとすれば、今更言うのもおかしいのですが、それぞれの有意義な出会いが、私の心をあたたかく、しっかりと包んでくれていると感じているところです。

大学生の窓口風景● 18
「プリクラ」を撮ってみた

以前から何人かの女子学生と会食をしようと約束していたのですが、なかなか日程がつかず、ようやくその機会ができました。メンバーは4名。一年次から履修の相談や奨学金、留学などの相談で顔をみせてくれている学生たちであり、学内や登下校の時も、よく明るい挨拶を交わしてくれるメンバーでありました。

その日も和気あいあいに楽しい会話が続き、会食も終わりに近づいた頃、一人の女子学生から「これからみんなでプリクラを撮りに行こうよ。」「賛成！」私「えっ、それはちょっと参ったなー…まだ一回も撮ったことがないので…。」学生「だったら、かえって記念になるから…。」そんなわけで、私は重い腰を上げざるをえなくなってしまいました。

ちょうどプリクラが最高に流行っていた頃の話です。その頃、高校生や若い人達の多くが大切に持っていたのが、プリクラの貼ってある専用の小さな台帳でありました。何人かから見せてもらったことがありましたが、多くの仲間との膨大なプリクラ全集だったことを覚えています。当時は女子学生など若者は、ほとんどの人が持っていました。確かに、この頃、男子学生までもが携帯電話や手帳、サイフなどのどこかに必ずといっていいほど、たぶん彼女とのツーショットも含めたものもあったと思いますが、皆大切に貼っていたりしていたのです。私もあの時断っていたら、プリクラを撮るチャンスもそれまでだったと思いますが、勇気をもって一歩踏み出したことで、今の若い人達とそれなりの共有ができたのだと思います。

今となっては楽しい思い出の一つになっています。

大学生の窓口風景●19
学生の心をつかむグッズの品々

私は若い頃からずっと、中国のシルクロードやシベリアの少数民族に興味をもっておりまして、二十有余年に亘り、いろいろな地域を旅する機会に恵まれてきましたが、その時欠かさず持参するものがありました。それは金額はさほどではないのですが、少し変わったグッズや一捻りした品物を旅の友として持って行くことでした。旅先で言葉がわからなくても、これらのグッズの品々が大変役に立つことを知っていたからです。

そのため、日頃から、町中を歩いていて少しでも時間があると、それらしい品物を置いていそうな店先を物色し、偶然にも気に入った物を見つけたときは、何とも言えない興奮が沸き起こってきたものです。そして

旅先のどのような場面で使おうかと考えるだけでも浮き浮きしてきたものです。

ところで、今、学生達と交流している中で、これらのグッズが大いに役立っています。自分で開発したグッズも幾つかありますので、市販されている物も含めますと、それらをどのように使うかが、大切なポイントになってきます。学生達のそれぞれの反応や、グッズを通しての触れ合いが、身近な交流の一つの足跡としてつながっていくこともあるのではないかと、ひそかに自画自賛しているところです。一方、これらのグッズは海外出張へ行く友人や教職員、また海外留学へ行く学生などにもプレゼントしております。

では、私がどんなグッズを愛用しているのか、幾つか紹介してみたいと思います。

〈私が開発したもの〉

・名刺8種類（P91参照）
・人生バラ色メガネ
・つまらないものラベルシール
・ビールのラベル「とりあえず」シール
・グラスマーカー（キャラクターのボタンなどを購入し、ボタンの裏のでっぱりを削ってそこに、吸盤を接着剤でつけたもの）

〈市販されているもの〉

● 光り物が大好きなので光り物シリーズを中心に

・光るイヤリング
・水を入れると光るグラス
・光る腕輪

・七色に光る氷
・光る棒(緊急用ライトで映画「怒りのアフガン」で使用されたもの)
・光る指
・光るバッジ
・光るコースター　など

●それ以外の物
・音楽をかなでるローソク（今は【発売中止】）
・名刺という名の名刺など

名刺とだけ書いてある名刺

まだまだいろいろとあるのですが、要はその場で大切な事は、できるだけさりげなく、違和感のないように使えるかどうかにかかっていると言えます。

そして、学生達が、「そんな物があるんだー、おもしろいね。」「楽しいね。」と言って、このことをキッカケにして、会話が弾んだり、仲間同士が心から打ち解けあってくれるならば、それに越したことはないのです。

特に最近の学生の中には、「起業家になるにはどうしたらよいか」あるいは、「このようなアイデアがあるので、特許や実用新案を取るにはどうしたらよいか」などという、常に新しい相談も増えてきております。スタッフが勉強することはもちろんでありますが、アドバイスの仕方もいろいろ工夫していかないと、かなり難しくなってきているのが現状です。

実際、学生との会話の中で、私も先程のような開発した商品を見せながら、「こんなところにアイデアやヒントがありますよ」と言って、具体的な話を交えながら、日々対応しているところです。

今、学生から相談を受けた中で、一番成功しているのはワイシャツについている色違いのボタンではないでしょうか。

大学生の窓口風景● 20

兄妹の再会

学生支援室が立ち上がって2年目の4月末のことでした。まだいかにも新入生とわかる女子学生が心配そうな面持ちで入室してきたのです。たまたま私と目があったので、「何か用ですか」と尋ねると、小さな声で、

「相談したいことがあるんですが…」

「時間は大丈夫ですか。時間があるなら座って話しましょうか」と席に案内し、落ち着いたところで、一通り話を聞いてみますと、思いがけない内容でした。

それは、彼女が小学校の頃、両親が離婚することになってしまい、二人兄妹でしたが、引き離されるように父親には兄が、彼女は母親にと、それぞれが別々の生活をすることになってしまい、兄とは今日までずっと連絡をとったことはなかったのですが、今日はその兄のことで相談に来たと言います。

実は、兄は風の便りで東海大学へ入学したらしい。現在は四年生のはずであり、彼女はその話を聞いたとき、小さい頃からふたりは大変仲が良かったので、私も兄のいる大学を目指して頑張ろうと思い、ようやく入学することができて今とても嬉しい。しかし、この一ヶ月間、兄のことを聞くためにどこへ相談しようかとずっと悩んでいたが、この部署のポスターを見て、話を聞いてもらおうとようやく決心がつき来室したということで

した。私は個人情報のことも頭にありましたが、彼女の思いに勝るものはないということで、調べてみたところ、確かに同じ名前の学生が四年生に在籍していることがわかり、その日の彼の予定は、夕方まで授業の日程が入っており、登校していれば授業の前後の時間に、本人に会うことができますよと伝えたところ、さすがに今日の今日は会う勇気がないということでした。彼女はその後、心の整理などをつけて来たのか、5月の連休明けに再度訪ねて来て、ようやく「会う決心がつきました」とのことでした。

その何日か後、その女子学生がやってきて、緊張の中にも安堵の表情を浮かべながら、「おかげさまで兄と直接話すことができました。不思議なもので、何年も会っていなかったけれど、兄妹はすぐにわかるものなんですね。私がなぜここにいるのかという顔で、少し驚いたようでしたが、ちょっとだけ話すことができました。これを機会に時々会うことにしました。でもこの話は母親にはしづらいです…。」

私はその場にはいなかったのですが、まさに「事実は小説より奇なり」とでもいえる話でした。

その後彼女からは特に連絡はなかったのですが、私の方は、どのような展開になっているのか少しばかり気にはなりつつ、月日が経っていったというところでしょうか。

大学生の窓口風景● 21

退学の理由

「退学したいんですが…。」いきなり部屋に飛び込んできた学生の一言がこの言葉でした。

私「どうしたんですか。大事な話のようですから、座って話しましょうか。ところでなぜ、退学したいと思ったんですか？」

学生「いやとにかく、もう退学することに決めました。両親にはさっき電話で話しました。」

私「ほんとうに気が早いんですね。退学したいと思っている本当の理由は何ですか？」

学生「うーん…。学科の先生から課題が出ていて、何日かまでに３０００字のレポートを書かなければいけなくなってしまった。今までそんなにたくさん書いたことがなかったので、もう絶対無理なので退学することに決めたんです。」

私「あぁ…そのことで退学を決めたんですか。実はこの部屋にはレポートや小論文の書き方がわからないので教えてほしいと言って、たくさんの学生が相談にきていますよ。私とそのレポート書きを一緒にやりませんか。どんなテーマか聞かせてくれますか。私の専門分野とは違いますが、書き方なら少し位ならアドバイスができると思いますよ。」

学生「え、本当ですか。」

私「うそは言いませんよ。」

それから30分ほど二人でスケジュール表を作り、その後の計画を作り「これなら大学を辞めることは無い」ということになりました。

私「さぁ、これから、お母さんに電話しましょう。」

私「○○さんのお宅ですか。私はこういう者ですが、今、息子さんが目の前にいます。今ふたりで話し合った結果、大学はこれからも続けると言っていますよ。」

お母さん「ありがとうございます。時々自分の思い通りにいかなくなると、今のような電話が入ってくるんです。申し訳ありません。」

私「いや、私の方は本人と相談して、卒業するまで応援しますので、よろしくお願いします。」

その後、本人と打合せのやりとりをしてわかったことは、レポート提出まで20日間程時間があるということでしたので、早速スケジュール表を作り、文献を含めた資料集めをはじめとして、本人がどう考えているのか、「メモ書きやあるいはところどころでかまわないから、考えていることをまとめたものを作成してみましょう。」

彼は元々根は真面目な礼儀正しい好青年であったので、目標さえ決まれば、それはしっかりとやるタイプの学生でした。二年生の春先のことでしたので、そういう意味では授業のスケジュール作りは大変でしたが、彼は私の「お手伝い」をするという言葉にすっかり安心し、前向きの姿勢での動きが始まったのです。

彼は元々努力家であったため、締め切り日には十分間に合い、この時学んだレポートの書き方は、その後卒業するまで10回近いレポート提出の土台となり、卒業が決定した日には、満面の笑みをたたえ挨拶に来てくれたのでした。ただ、彼にはここで卒業を素直に喜べない事情がありました。実は教職の単位を取っていないにもかかわらず、将来は教員になりたいという希望が強くなり、当然就職活動もせずに今日まできていたのです。そのことで親子の関係は普通ではなかったのですが、当面は教職の単位を取るための動きをするのか、時期外れの厳しい就職活動をするのか、大いに迷っている様子でした。「流れ」でいうと、少し時間はかかる気もしましたが、ここが彼の今の正念場のわけですから、なんとか頑張り通してほしいと願わずにはいられなかったのです。

大学生の窓口風景● 22

娘の家出

多くの学生から相談を受けておりますと、時々その内容について予想もしないような話が出てくることがあります。その中の一つに、夫婦げんかが元で「学生」つまり子どもと親との「親子げんか」につながり、最終的には「家出」にまで発展し、相談にやってくる学生がいたという話です。このような相談は家庭内のことなので、本来はあまり表面には出てこないのですが、学生が誰にも相談できないでいるため、困った上での相談として年に何件か持ち込まれることがあります。

多くの場合、親子げんかは

①本人の学業を中心としたこと(学校へいっていない)

②進路、特に就職に関すること(アルバイト、フリーター、就職活動をしない、働く気がしない)

③日常生活上の問題(朝寝坊、夜更かし、部屋が汚い、整理ができない)

などが中心となっていますが、親子げんかの場合は、まず学生からは全くといっていい程相談はきません。ほとんどの場合が保護者から「子どもと携帯で連絡を取ろうとするが、なかなか出てくれない。どうしたらいいでしょうか」という相談から、親子げんかをしていることが発覚するのです。

さて、話は元に戻りますが、夏休み中のある昼過ぎのことでした。四年生の女子学生が、学生生活支援室に飛び込んできて、私が対応しますと、

「できるだけ安くていいので、アパートを探してほしいのですが。」

「場所や金額などはどうしますか？」と尋ね、いろいろ話を聞いていると、どうも話が噛み合いません。

「何か他に問題がありそうな気がするんだけど。」

そこで彼女は初めて、

「実はたった今、家出してきたんです。」

「うん？」

「恥ずかしい話ですが、親の夫婦仲がもう最悪なんです。とうとう我慢ができずに親にはむかって、「いい年をして子どもの前でけんかなんかしないでほしい。」と言ったら母親が『うるさいわね、お前なんかこの家から出て行け』ということになってしまったんです。」

「慌てて家を出てきたので、少しだけ衣類は持ってきたんですが、あとは貯金通帳だけ。よく考えたら、印鑑は忘れるわ、あぁどうしよう、カードは作ってなくて。今日はなんていやな日になってしまったんでしょう。」

ここまで彼女は一気に話して、あとはしばらく溜め息をつくばかりでした。下宿を探すという話は、お金をおろすことができないため、すぐにというわけにはいかず、困っている状態が続きました。そうこうしていると、友人の何人かに携帯電話で連絡をとっている声がしてきました。暫くすると、運よくその日から少しの間、友人の家に泊めてもらえることになったという話になり、ほっと一息入れたのです。親子関係は、その後双方とも冷静になり、特に父親の方が、娘ということもあって相当心配をし、何とか電話連絡も取れ、7日間の「家出」は何事もなく無事終了したのです。

彼女は卒業少し前に一度だけ訪ねてきてくれましたが、口をついて出た言葉は、自分の母親に対し、「あれ以来すっかり母親不信になってしまい、どんなことがあっても、もう信用しない。」ということになってしまっておりました。私の方は「とにかく、親子の関係は決して切れるものではなく、当時の状況からすれば、売り言葉に買い言葉だったような気がします。少し時間が必要かもしれませんね。」いずれにしても、このような問題は今でも時間が解決してくれると信じてやまない気持ちでいっぱいです。

大学生の窓口風景●23

夢を語る学生

「私の夢を聞いてくれますか。」その女子学生は、私の顔を見るなり話し出しました。入学式が終わった一日目の新入生の言葉でした。

「私は高校時代から、ずっと車の整備士になりたいと思っていました。車といっても世界的なカーレースの車です。そのためにこの大学へ入学したのです。この大学には車で有名な先生がおられるので、これからとても楽しみにしています。」とのことでした。この日は彼女の話を聞かせてもらい、その有名な先生を紹介してほしいということで話は終わり、私からは、「夢の続きをまた聞かせてほしい。」と伝えて別れたのです。

それから一ヶ月位たった頃だったと思いますが、その女子学生が「ちょっと話したいことがあります。」と来室しました。彼女の言葉によれば、「世界的なカーレースでは女性の整備士は禁止されている。」とのことで、折角の夢も台無しになってしまい、これからどうしたらよいかという相談だったのです。

私としては、車の業界に詳しいわけではなく、さてどうしたものかと考えてましたが、ふと思いつくことがあり、静岡県浜松市に「ヤマハ発動機」があり、そこに知人がいることを思い出し、「モーターバイクでよければ、関係者を紹介しますよ。」と伝えると、彼女は少し考えていましたが、「それではよろしくお願いします。」

その後、彼女は、なんとか時間を作ってヤマハ発動機を見学することが出来たようでした。

ある日、彼女の報告を聞く機会があり、どんな様子だったのか確認しますと、「大変親切にしてもらい、力になってもらえることになりましたが、自分の心の中にある車からバイクへの変更は、どうしても心の準備ができないでいる」とのことでした。私も、彼女の夢に対する変更は、相当悩むことになるのではないのかな？と考え、それ以上はしばらく彼女まかせにすることにしたのです。

二年生の後半に一度、それとなく寄ってくれましたが、見ている限りでは明るく元気に過ごしていることは間違いなかったのですが、ただ言外に、最終結論がまだ出ていないことは見てとれたのですが…。今、残念に思っていることは、その後、彼女の将来がどうなったのか、確認できないままに、卒業していったことです。

大学生の窓口風景●24

UFOに興味を持つ学生

ある時、男子学生から学生生活支援室のメールアドレスに、「大学にUFO研究会はありますか？」という問合せがありました。

数年前まで建学祭(学園祭)時に、人数は定かではなかったのですが、学生たちが会場に「UFOの謎？」のタイトルで展示コーナーがあり、サークルの存在は確かにあったのは覚えており、私も興味があったので、その会場に何年か続けて足を運んだ記憶はありました。そういえば、ここ一、二年はみることがなかったなぁ。調べてみますと、いつの間にか消滅していたようです。

ところで、本題に入る前に少し余談になると思いますが、私も大学一年の頃からUFOにずっと興味を持っており、国内で出版されているUFO関係の本や写真集など、300冊近く集めており、また関係するビデオやDVDなども収集しておりました。

また、当時学習院大学で行われた、NASAの宇宙飛行士の講演会に聴きにいったり、NASAの長官が来日した際には、お会いさせてもらったり、また、日本の宇宙飛行士にお会いする機会ができたり、種子島のHロケット打ち上げの(当時科学技術庁)の写真や、海部俊樹科学技術長官時代には、日本政府の閣僚としてはUFOに関して最初の発言をして注目を集めていましたので、その議事録を探したりと、当時としてはできうる限りの資料集めを試みていました。

さらに、ここで特記したいことは、私が1989年東海大学望星丸二世でソ連時代のウラジオストク港に西側の船としては、69年ぶりに入港した時のことです。当時この船で同行した、東京タイムズの工藤泰志記者(現在 言論NPO代表)の署名記事の中に、ソ連極東軍の幹部の言葉として、「このところ、ウラジオストク郊外に宇宙船が降り立つことがあるので、我々は大変興味深く見守っている」というコメントを載せており、私はそのことがずっと気になっていて、いずれチャンスがあれば、軍関係の方から直接話を聞いてみたいと思っていたのです。

そのチャンスは一年後、再びウラジオストクを訪れる際に実現しました。知人の友人に軍の幹部の方がおられ、私の興味と疑問にすぐ答えてくれました。

「もし、あなたが宇宙船を見たいなら、運がよければ二、三日かもしれないし、運が悪ければ一ヶ月以上はかかるかもしれない。つまり、いつ来るか我々には全くわからない。」ということでした。実はその頃のウラジオストクは、まずソ連の入国に必要なビザと、軍港であったウラジオストクに入るためには、更に特別のビザがもう一枚必要でした。そんなわけで、仕事のことは別にしても、外国人が一ヶ月も滞在するということは、この頃のウラジオストクでは到底考えられないことだったのです。

その後、気にはなりつつ、いつのまにか尻切れトンボになって、今ではこの件では、私の頭の中では遠い彼方の話になってしまっていました。

話を元に戻しましょう。いよいよその男子学生と会う日がやってきました。とても穏やかそうな印象の学生でした。彼は「小さい頃から、UFOに大変興味があり、クラブがあったら入会したかったんですが、残念ながらないんですね。自分でクラブを作るのも時間がかかるし、どうしたらいいですか。仲間作りから始めたらいいんですよね」。男子学生は一年生だったので、クラブを結成する時間はまったく問題はなかったのですが、話をしているうちに、仲間作りは大変だということで、個人の活動の中で努力することになりました。いろんな会合に出たり、私のところに時々顔を見せに来るという事のようでした。私も男子学生と話しながら、この際、UFO関係の書物を一部を除き、譲ってもいいと思い、男子学生に話してみました。彼は大変喜んでくれ、私は早速200冊ほどの本を整理し、彼のもとに送ることができたのです。

彼が話しにくる時は決まって、自分が何か行動に移した時でした。例えば、「先日は休みを利用して、石川方面に集まりがあったので、行ってきました。UFOの話は少しいんちき臭く、私が聞いただけでも、すぐばれるような内容でした。」あるいは、「この間、雑誌にこんな話がのっていたんですが、本当はどうなんですかね。」などなど、いろいろな話題を持ってきてくれたのです。お互いにＵＦＯがこの宇宙にいるのか、いないのかなどの検証をしながら話をしているわけではないのですが、それぞれが夢を持ちながら話し合ってきたことは、二人にとって大変楽しいことでありました。

このキャンパスは2万人以上の学生たちが勉学に勤しんでいるわけですが、本当に学生の数だけいろいろな夢や発想、意見等が繰り広げられており、私は年令に関係なく、こうしたいつも多くのことを学生たちから学ぶことができていることを改めて知ったのです。

大学生の窓口風景● 25

卒業後も続く相談ごと

この2、3年、気になることの一つに、在学中、学生生活支援室をよく利用してくれた複数の卒業生が、休日を取ってまでわざわざ大学に訪ねてきてくれていることです。その大きな理由の一つに、社会人となって大学時代とは違ったいろいろな悩みに対し、誰に相談していいのか、なかなか見極めがつかないでいるために、来校につながっているようなのです。

会社の待遇や上司との人間関係など様々でありますが、なんといっても一番は、入社したこの会社で仕事を続けていっていいのでしょうか。あるいは、自分にはもっと最適な仕事があるのではないかなど、ある意味人生の大変な悩みをかかえてのことであります。社会人になって初めてわかることは、自分の悩みを話せる人や場所が、意外に少ないことに気づくのです。親にも言えない、先輩や同僚にも言えない、ましてや上司にはもっと言えないなど、入社して2、3年の頃は、悩みを気軽に話せる環境には決してないようなのです。

そんな中で、幾つかの相談を受けた何人かについて話してみたいと思います。

●T君の場合

学生時代、転部科の相談に来ていたT君は、卒業後は先物取引きの会社の営業課に入社しました。しかし、T君が描いていたような会社ではなかったようです。仕事の関係で平日の休みがとれないので、どこで会えるのか話し合った結果、休日のある日、郊外の喫茶店で会うことになりました。話を聞いてみますと、本人の言葉によれば、今の仕事は相手を言い含めるような話し方、あるいは、騙しに近い内容で日々セールスすることに嫌気がさしたということのようでありました。また、勤務時間がほぼ毎日深夜に近い時間帯まで続くので、とても働く意欲など起きないということでした。私は、「辞めるのは簡単だが、次の仕事をある程度決めてからでも遅くないのでないか」という話をしました。本人は私に話を聞いてもらったことで、また少し学生時代の雑談も出来たことで、胸のつかえが取れ、ほっとしたと言って、その日は帰っていったのです。後日、T君から電話で、もう少し今の仕事で頑張ってみますという返事がありました。仕事の理想と現実、夢と希望のギャップなど、社会に出て仕事をするということは、本当に大変なことなのです。

●F君の場合

F君は、大学二年の頃から、クラブ活動の人間関係のことで時々相談にきていた学生でした。卒業後は住宅関連の会社へ就職をして、二年間は無我夢中で仕事をしていました。三年目に入ってからは、彼の開拓した仕事を上司が横取りをし、勤務時間も深夜は当たり前、残業代はつかず、もうヘトヘトになったということで、何回か大学に相談にきていました。せっかくなので夕食の時間にあわせ、食事をしながら話を聞いたこともありました。しかし、一度壊れた人間関係は、信頼を取り戻すには相当な時間がかかるし、本人も修復するつもりは全くなかったようでした。そして、前からやってみたかった建築関係の仕事がみつかり、今は順調に楽しく仕事をしているとの事でした。自分の開拓した仕事を上司が横取りするような話は、時々聞いてはいましたが、上司は青年の気持にも思いを馳せてほしいものです。

●O君の場合

所謂、一浪をして大学に入学してきた学生でしたが、友人作りをしたいという相談でよく顔を出してくれていた学生です。電気関係の会社に入社が決まり、卒業後はよくメールや電話で日常の様子を知らせてくれました。実は学生時代は気がつかなかったのですが、メールの文面や電話の内容に必ずといっていい程、相手は変わりますが、いつも悪口が書かれていたのです。それこそ、毎回、読む方がうんざりする程でした。また休暇をとって来校した日には、「こんな会社はいつでも辞めてやる」などと、聞いている方が情けなくなってくることが何回もあり、その都度、考え方を変えて努力して欲しい旨を話し合ってきましたが、最近連絡がないなぁと思っていた矢先、一度お会いしたいという連絡がきました。会って話を聞いてみると「会社からリストラされてしまいました。」とのことでした。この時期、再就職の一段と厳しい中でこの話で、どうアドバイスできたか定かではないのですが、ただ一つ言えることは、たとえ私から他の会社を紹介できたとしても、今度は私に対し、「よくもこんな会社を紹介してくれた」と言われるのが心配で、残念ながら二の足を踏んでしまったのです。一見、好青年のように見えても、人はそれぞれ違うということを痛切に感じた事例の一つでありました。

大学生の窓口風景● 26

アルバイト・トラブル相談

ある日、女子学生の一人が、法律相談の予約をし、その内容は「アルバイトをしたが、お金を払ってもらえないで困っている」というものでした。話を聞いてみますと、小田急沿線のとある街の「スナック」でのことでした。店では接客の仕事をしていたようで、一ヶ月半位働いていましたが、勤務時間が夜八時から十一時頃までと、間もなく始まる定期試験に不安を覚え、何とかやめたいと責任者に申し出たところ、「約束が違う、三ヶ月働くということで契約したはずだ。バイト代は払えない」というものでした。何度か話し合いを持ったのですが、埒が明かず、大学の法律相談を訪ねてきてくれたのです。

その日は、月二回の法律相談の日ではなかったのですが、担当の法律学科の先生と連絡が取れ、早速相談にのってもらいました。先生からのおおよその回答は、「何度もアルバイト代を払ってほしいと伝えているのに、払ってもらえないのなら、お店の責任者に次のように伝えたらいいでしょう。『近くにある県の労働基準監督署に相談し、今までの事実を伝えることにします。』と言ってください。そこでは、調査の上、事実であれば、お店の営業停止もあり得るので、お店はそのことをよく知っているから安心してください」とのことでした。相談の女子学生にそのことを伝え、後日の連絡を待ったのです。

何日かして、女学生が駆け込んできて、「お陰様で、お店から連絡があって、全額すぐに払ってもらえました。本当にありがとうございました。」全てがうまく解決するわけではないのですが、私にとって、この事例はあっという間のあっけない幕切れの一つになりました。

大学生の窓口風景● 27

目が点になった日のこと

ある日のこと、血走った目で「どんな相談でもいいですか?」と言って、男子学生が飛び込んできました。そして、「個室で話したいのですが、いいでしょうか?」「どうぞ構いませんよ」と言うことになったのです。

内容は交際している年上の知人にお金を貸しているが、なかなか返してもらえないので困っている。ひょっとしたら騙されているのではないかと思えるような気がしてきたとのことでした。そのわけは、急にメールが通じなくなったこと。何度かけても電話が留守電になるとのことのようでした。そこで、よかったら交際のスタートから話を聞かせてほしいと伝えると、遠くを見つめ思い出すように話し始めました。

出会い系サイトで交際が始まったらしいようです。どんな仕事をしているかはわかりませんが、スタートから話しはかなり弾んだようで、もう半年位になるようです。しかも、相手にはアルバイトで貯めたお金がかなりあることを、話してしまったようなのです。そして何回かお金を貸したあと、今回の件の話になり、たまたま、運転免許を取りたいと思うという話をしたところ、「その自動車学校なら知人がいるので私にお金を預ければ、少しまけてくれるし、手続きも早くすむ」とのことだったので思わず「お願いします」となって、お金を預けてしまいました。ところが、入学に関する書類や案内がこないので、再三知人に連絡するのですが、「今やっている」とのこと。とうとう今日は電話がつながらなくなって、もしやということでした。

「ところで、住所や家はどうなっているの?」と聞くと、家には一回だけ夜遅く行ったことがあるが、住所はわからないと言います。「そんなことがあるの?」

実は手がかりは電話以外まったくないということでした。

「ところで、あなたの彼女とはいつもどんな話しをしているの？何かヒントはないの？」

「えっ？」「『えっ？』とはどういうこと？」

「男です」「年上の知人とは男？」「そうです。」

私は驚きを隠しつつ、努めて平静にするのが精一杯でした。推して知るべしです。未解決のままの事例。その後は、このような目が点になった関係の相談は今日まで3件程ありました。

大学生の窓口風景● 28

青年期における誰にも言えない幾つかの悩み

私自身の青年時代を振り返ってみますと、青年期における悩みは結構あったように思います。その頃の私の一番の悩みは身長が低いことでした。今でこそ、諦めの境地でいるわけですが、今でもあの頃の漫才コンビの言葉が時々頭をよぎります。

それは、「金もいらなきゃ、女もいらぬ。あたしゃも少し背がほしい♪」でありました。当時の私の気持ちをこれ程見事に表現している言葉はなかったのではないかと思っています。ところで、偶然にも保護者の方から二度程続けて同じ悩み相談を受けたことがあります。それは「若ハゲ」のことでした。このことは本人にとっては、日々大変重大かつ深刻な悩みであったことでしょう。保護者からの相談は、「子供が最近、頭の毛がどんどん薄くなってきた。もう外を歩きたくない」と言っています。

同じくもう一件も「子供がこのところ、元気がなく家族に話もしなくなっている。何が原因なのか、ようやく若ハゲで悩んでいることを教えてくれた」とのこと。是非大学病院で検査してほしいと真剣に相談されたのです。確かに、この世の中に、毛生え薬が発明されたとしたら、ノーベル賞は間違いなしとの噂もある位ですから、古代から今日まで、こればかりは、どうにもならない分野なのでしょうか。あるいは、自分の心と心の戦いになるのでしょうか。テレビコマーシャルや新聞、雑誌などで、そのような記事を多くみてきたわけですが、私には明解な答えは出せなかったのです。

大学生の窓口風景● 29

「キャッチセール」ボディースーツ編

もう6年程の前の話になるのでしょうか、ある日の夕刻のことでした。男子学生が息を切らせながら、支援室に飛び込んできたのです。呼吸を整えながら、「相談にのってください。」「どうしたんですか。」「実は僕の彼女が大変なことになっているんです。」

彼の話を聞いてみますと、彼女が一人で小田急沿線のある街を歩いていると、とある女性から、「あなたは大学生？　何年生？　就活はやっているの?」と矢継ぎ早に話をしてきたらしいのです。丁度、就活を始めようと考えていた頃だったので、これから始めようと思っていますと答えたところ、その女性の言葉は「えっ、その体形で本当に就活をやるつもり…」「どういう意味ですか?」「そんなに太っていたら、企業に受かるわけないでしょう?　太っているのが目立たないボディースーツが必要ではないの?」「ちょうど体にぴったり合った

スーツを作りましょう！」彼女は少しむっとして聞いていたようですが、ある意味頭が真っ白になってしまったため、近くに用意してある会場へそのままついていってしまいました。そこで寸法をとられ、合計42万円位になったのですが、隣にはローンの手続きをする業者がおり、毎月1万5千円位の契約を結んでしまったのです。

実はここではまだよかったのです。問題はこれからでした。4、5日してから、例のボディースーツを紹介した女性から電話があり「先日はどうもありがとう。この間、ボディースーツを買っていただいたので、会社からプレゼントがあります。よかったら、この間の場所でお待ちしています。」行かなければいいのに、プレゼントの言葉にひかかってしまい、またその場所に行ってしまったのです。プレゼントはどんなものか聞きもらしましたが、その女性は、「あなたは運がいいわね。今丁度、ダイヤモンドを特別価格でお分けしているのでどうですか？いずれは、一つの財産になりますよ。」

そこで彼女はまたしても80万円位のダイヤモンドの契約をしてしまったのです。前回の全額と合わせますと、100万円を超え毎月4万5千円以上のローン支払いになってしまったのです。「どうしたらいいでしょうか？」

彼はここまで一気に話をしました。私は○○君の話だけでは立ち行かないので、是非、本人とも話したいので、「至急、関係書類を持って大学に来てほしい」と伝え、後日会うことにしました。

やはり、緊急を要する話でしたので、翌日には二人揃って訪れてくれました。彼女の話を聞くかぎりでは、とても大変なことがわかってきました。まず、期日の関係で、すでにクーリングオフはできない状態になっていました。そんな時に限って、父親はつい最近、会社の倒産で無職になったことや母親は近くの会社でパートをしていましたがリストラになったばかりでした。姉がかろうじて、勤めをしているということのようでした。

法律相談の先生や消費者センター等に問い合わせましたが、なかなか思うような対応ができない状態でありました。最終的には姉のなけなしのお金で全額を払うということになったのですが、相談事に対する無力さなどいろいろなことを感じた事例でした。

ただ、もう一つこの話の中で私にとっては大きなどんでん返しがあったように思います。彼の話を聞く中で、確認を一度もしていないことが一つだけあったのです。それは結論から先に言えば、彼女はなんと他大学の女子学生であったのです。

相談事に国境はないと思いますが、私にとっては今でも驚きの一つに入っている事例でした。

大学生の窓口風景● 30

「キャッチセール」絵画編　名刺が役立った日！

4年目のある日のことです。「夜間、大学周辺の防犯活動を有志でやりたいのですが、相談にのってください」と言って三人の男子学生が訪ねてきました。

最近の学生は、広範囲に渡ったボランティア活動を展開していますので、私も、大変嬉しく思い、応援しようということになり、学生たちが秦野市に住んでいた関係で秦野市役所生活安全課の責任者の方と相談し、地域の自治会の皆さんの協力をいただきながら、何度か会合をもち、活動をはじめた頃のことでした。日曜日の午後だったと思いますが、そのメンバーの一人から、携帯電話に連絡が入ってきました。彼は声を潜めるように話しだしました。

学生「今、都内にいるんですが、若い女性にお茶をしましょうと声をかけられ、喫茶店に入りました。そして、お互いの趣味の話になり、彼女は今絵画に興味があって、美術館巡りをしているところだと言っていました。そして、そう言えば今、この近くで、絵画展をやっているので、一緒に見に行こうとせがまれ、今その会場から電話をしているところです。絵はレプリカですが、展示してある絵の下に、一つは全体の金額、もう一つはローンの金額が書いてあって、その一つの絵を指差して、一方の手は私の方において、○○ちゃん、私この絵とっても気に入ったわ。こんな絵を私の部屋に飾ったらとてもいいなぁー。私もそう言われれば男ですので、頭の中で、この金額だと毎月アルバイトをすれば何とかなるかなと、思ったんですが、ふと曽田さんからもらったあの絵入りの名刺を思い出し、彼女を待たせ電話しているところです。」

私、「○○君、それは今各地で流行っている、詐欺と言えるかどうかはっきりとは言えないが新手の手法だよ。これからずっと、何十回というローンだけが残ることになるので、絶対契約してはいけないよ！鼻の下を少し伸ばしていないかい？」

学生「はい、少し伸ばしていました。よくわかりました。断ります！」

と言って電話は切れました。翌日、朝一番で彼が顔出し、「やぁ、昨日はどうもありがとうございました。あの場面であの名刺を思い出さなければ、お姉さんでしたが、かわいい子でしたから、もう少しで言われるままに契約するところでした。」「本当によかったね！」TVドラマの「遠山の金さん」ではないのですが、これにて一件落着という話になったのです。

大人でも多くの被害者がでているのに、学生だけが素通りというわけにはいかないケースでありました。改めていつの時代も、手を変え品を変えた○○商法は健在ですと感じたところです。彼と言えば、そんな縁もあって、卒業するまでよく顔を出してくれ、中国地方に実家があり長男であったため、家業を継ぐべく、ふる里に帰って行きました。

大学生の窓口風景● 31

大空を羽ばたく夢

東海大学には附属高校(連携校1、提携校2)が14校ありますが、その中の4校が東海大学へ進学する生徒に対し「大学生活の過ごし方」と題し、毎年11、12月にかけて保護者同伴での講演会を開いております。依頼を受けた学生支援課では(旧学生生活支援室)それぞれ担当を決め、大学で何を学ぶのか、学生生活をどう過ごすのか、危機管理の対処の仕方はどうするのか等の内谷で多くの事例に基づいた話をしてきました。同じく学生支援課で毎年発行している「CLIC相談対応事例集」には保護者への学生生活の過ごし方について、具体的な内容が書いてあり、大変わかりやすくていいとの声もいただき、配布してきたのです。

さて、6年前の11月に遡る話です。その日、講演先の高校に到着すると、食堂が会場になっており、生徒の横には保護者が同伴と言う形で静かな緊張感が漂っていました。時間的には一時間ほど話し、二、三の質疑応答で終わったのですが、その講義中、私の話をとても熱心に聞いている一人の生徒がいることに気がつきました。会場内を見渡すたびに目が合うのです。不思議なもので、話す方としてはなぜか話に力が入ってしまいます。そんな思い出のある日になったのですが、いつしか時間と共にそのことは忘れてしまっていました。

翌年例年の4月の入学式も終わり、CLICの室内も入学式出席の学生や保護者などでごった返していました。と、その時「私を覚えていますか？ 昨年の○○高校の時…」。私も思わず「あっ、あの時の君だね！」

今日、初めて会話するのですが、昨年の講演会でお互いにしっかり確認していたあの生徒でした。「何でも相談しても良いというので、この部屋に来ました。実は希望の学科があったのですが、残念ながら行けなくて…。今の学科で勉強しながらパイロットになる方法はないですか?」ということでした。東海大学では２００６年から、パイロット養成の航空操縦学専攻課程を設けていたのです。

私は、日本の航空会社は全日空、日本航空を中心としてありますが、それぞれの会社も独自のコースでパイロット養成を行っていることを話し、それには、最低英語はしっかり勉強しないといけないという話しをしました。また、航空操縦学の担当の方にお話をし、先頃までパイロットであった航空操縦学の先生を紹介してもらい、彼の希望に少しでも近づくよう話を聞いてもらったりしました。さぁ、それ以来、それからの彼の四年間はまさしくパイロットになるためのありとあらゆる努力のスタートとなったのです。英語の勉強は勿論のこと、アルバイトは羽田空港内にある清掃会社を探し出し、航空機の発着に伴う機内の清掃の仕事をよく探してきたものと、感心することしきりでした。何かあると、その都度、顔を出し、「今こんなことをしています」などの報告もあり、私も訪ねてくれることを、心待ちにしていたのです。

いよいよ三年次の秋以降になると、就職試験あるいは面接試験と報告はありましたが、残念ながら、希望通りとはいきませんでした。航空関係の関連会社も受験したようですが、よい結果をみることにはなりませんでした。そう言えば、彼はどうしたのかなぁと思っている矢先、四年次の秋になった頃だと思いますが、長い間の思いを断ち切って、「警視庁を受験し、なんとか合格しました」と報告がありました。ずっと熱い思いで、「大空を羽ばたく夢」を抱いてきた彼でしたが、新たな人生の目標を決め、実にさばさばとした表情でほっとしたものです。彼の次なる勇姿を是非みてみたいものです。

大学生の窓口風景● 32

卒業式まであと三日の就活

年の瀬の押し迫ったある日、瞼《まぶた》を赤く泣き腫らし四年の女学生が、学生生活支援室に飛び込んできました。どうしたのかと尋ねますと、田舎の母が、「単位が足らなくて卒業できないのなら、父の身体もあまりよくないので、これ以上は大学というわけにはいかない。卒業しなくてもいいから、国に帰って就職しなさい」と言われてしまい、「悔しいやら、悲しいやらで、どこにも相談できないのでここに来た」ということでした。そんなわけで、当然、今日まで、卒業することが最優先なので、就職活動は一切していなかったというのです。

そこで、私も彼女に安心させるために、「卒業が決まったら、時間もあまりないけれど、一緒に就職先を探しましょう」とつい大見得を切ってしまいました。私はその時、「関東だったら、知っている会社があるので、それでよければ環境関係の仕事をお願いしてもいいんだけどなぁ…」と話してみたのですが、後日彼女から「残念ですが、母が地元でないとダメということなので…」と電話があり、消え入るような声の返答でした。

年も明け3月となり、いよいよ卒業式三日前に突然、昨年末相談のあった学生から「単位を修得できたので卒業式に出席できます。それから、母が家で何もしない人がいても困るから、関東で働いてもいいと言ってくれたんですが、就職、今からでもなんとかなりますか?」と相談されまして、私は大いに慌ててしまいました。相手のあることでしたので、ともかくすぐに知り合いの会社の社長に事情を話すと、社長はあっさり「あぁ、いいですよ。明日の午後はどうですか」と言うではないですか。私はすぐ彼女に電話し、「すぐに来てほしい」「明日の午後社長と面接OKだよ」と伝えると、電話の向こうで、「やったぁー」と大きな歓声があがりました。

翌日の昼近くに学生に「とにかく、仕事に対する熱い思いを伝えてほしい」とだけ電話し、直ちに会社へ直行してもらったのです。幸いその日の夜には、会社の社長からは合格の知らせが届きました。本人の努力もありますが、こんなにありがたいことは滅多にないことでしょう。相談を受け、翌日午後には入社試験、翌日は祭日、そして卒業式、次の日から会社へ出勤と正味三日の就活！こんな日程の中の離れ業はあとにも先にもそうあるはずはありません。今でも、忘れることのない出来事の一つです。

彼女はと言えば、社長の言葉で言うと、とにかく男顔負けの行動力で、どんどん営業畑をやってくれている。本当にいい人を採用してよかった」ということでした。私はありがたく、その言葉を聞くのみであったのです。卒業式まで二週間前での就職と言うのは過去二件ありましたが、卒業式まであと三日での就職決定というのはこれ一件だけです。

大学生の窓口風景● 33

一枚のファックスの物語

小雨模様のある朝の出来事でした。私は日頃から職場には一番乗りで出勤する事が多く、この日もいつも通りの動きでスタートしておりました。部屋の電気をつけコピー機を立ち上げ、自分のパソコンをつけ、その後、窓際のカーテンを開ける。そんな順番です。いつもと違ったのは、この日にかぎってコピー機に一枚のファックスをみつけ、何が書いてあるか読んでしまったのです。「○○県の○○○○の子供の親です。昨日の深夜、子供から電話があって、「もう生きていくのが辛い。今、ナイフで手首を切ったところです。さようなら」と言って

電話を切りました。どうかこのファックスを見た方は、子供は大学の近くに住んでいるので、どうしているのか、至急様子をみにいってほしい」と書かれていました。「地方にいるので、すぐには上京できないので、よろしくお願いします。」

早く出勤する人でももう30分位はあります。インターネットの学生情報も時間の関係で、直ぐには出て来ません。ある意味一番厳しい時間帯であったのです。そうこうしているうちに、いつもの早朝グループが出勤してきました。事情を話し、資料を揃え、相手が女子学生であったので、女性職員に立ち合ってもらえるよう同行をお願いし、車でアパートへ向かったのです。確かに大学の付近のアパートでした。女性職員から、アパートのドアをノックしてもらい、「○○さん聞こえますか？」四回くらい大声で叫んだ時です。かすかに人の声がして「今行きます」という声が近づいてきました。

玄関のドアが半開きの状態で開きました。とっさに左手に白い包帯が目に入りました。

私「○○さんですね。ご両親が心配されていたので伺いました。大丈夫ですか？」

学生「はい、あのあと少し眠ったので、もう平気です。今日は午後からカウンセラーと面接の予約がとれました。どうも心配をかけました。」

私「今、両親へ電話を入れますから、出てくださいね。」「○○さん、今子供さんと連絡がとれたので、電話を代わりますよ」

少しの間、二人は何やら話し合っていましたが、ひとまず、話しは終わったようでした。「もう大丈夫なので、安心してください」「何かあったら、顔を出してくださいね」と伝え、アパートを辞去しました。それから、四日程たった午後、彼女が母親と一緒に学生支援室に訪ねてきてくれました。正装した彼女は、実に知的な女性でした。常に成績も学科のトップでしたし、私も思わず、バカな質問をしてしまいました。「どうしたんですか?」彼女曰く、「ちょっと魔が差してしまったんです」との回答でした。その後、卒業式には出席するので、挨拶に行きますというメールが入りましたが、残念ながら当日は彼女の顔をみることは出来ませんでした。一枚のファックスの物語でありました。

大学生の窓口風景● 34

いつの時代も、つきない男女交際の悩み

入学した時から、いつも明るい笑顔で部屋に立ち寄る女子学生がおりました。入学して二、三ヶ月、学業にもかなり慣れてきまして、会話にも少し余裕が出てきた頃でした。少し相談にのってほしいことがあると言って、部屋にやってきたのです。

「私が今、恋愛をしている彼は大阪の大学へ行っていて、遠距離なのでなかなか会えないでいます。しかし、これが現実というのでしょうか、この頃、話も少し合わなくなってきたのです。私も身近の人の方が会話もあって楽しくなってきました」ということでした。

交際を続けた方がいいということをなかなか言えないし、そうかと言って、身近にしなさいとも言えず、「もう少し、自分の気持ちに従ったらどうかな?」ということで、夏休みも終わって、秋の学期が始まったのでした。この夏休みに二人で話し合った結果、二人の交際をやめることにしたとのこと。

そして、彼女の方はというと、学部は違いますが同じ大学の青年と交際を始めたとの報告があり、いつも

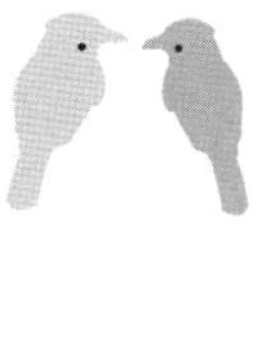

誰かに話したいのでしょうか、昨日はこんな所へ行ってきたとか、今度は、こんな計画を立てていると私のところへ来ては、楽しく話をしていってくれてます。

私と言えば、若い人の話をそれこそ楽しく聞けて嬉しく思っていた今日この頃でした。

大学生の窓口風景● 35

手鏡の思い出

２０１１年の4月始めのことでした。

３・11の東日本大震災の影響で、しかも新学期を迎え、学内は騒然としており、未だ混乱の真っただ中にありました。

ふと机を見ると、私宛の一通の封書が置いてあるのが目に入りました。都内の住所の方で女性の名前でした。開封して読んでみると、４枚ほどの便箋に大変丁寧な字で綴ってあります。

私は読み進むうちに思わず目頭が熱くなるのを覚えました。

その内容は要約すると次のとおりです。

「私は今年3月に大学を卒業した者です。本来は卒業式の日にお礼に伺うところでしたが、震災の関係で、卒業式が中止になったため、ご挨拶を失礼いたしました。

私は、こんな大変な時に、無事に就職ができ、今は元気に働いております。

このたび、このような手紙を書いたのは、御礼を申し述べたく筆をとりました。

それは、4年前、私が大学に入学した日のことです。当時、私は人前に出るのも恥ずかしく、誰とも話すことのない、いやな人間でした。

でも、大学に入学したら、なんとか話せるようになろうと考え、『なんでも相談所』の学生生活支援室を訪ねたわけです。

その時対応していただいた方が貴方でした。貴方は私の顔をみながら、

「丁度、良いところへ来ましたね。このあいだ、中国へ行ってきて、お土産の手鏡があるので、あなたにあげましょう。貴方を見ていると少し笑顔が少ないように感じるので、せめて朝晩2回はこの手鏡を見て笑顔の練習をしてみたらどうでしょう？　1カ月、2カ月あるいは1年と練習していくと、とてもいい表情になるんだけどなぁ…」

と言って手鏡をいただきました。実は私はそれから4年間しっかり練習しました。おかげで就職も一回で決まり、本当にありがとうございました。」

という内容でした。

そういえば、そんなことがあったことを思い出し、しかも、それを実行してくれたことに驚き、また、大変うれしく思ったのでした。

一生懸命努力してくれていた学生がいたのだと思うと、改めて込みあげてくるものがありました。

確かに4年前、入学当日から時々来室していた学生がいました。そして、こうして思いもしなかったことが現実に起きると、私にとって大変貴重な出会いの一つとなったのでした。

人生は出会いと人それぞれの生き方を考えるとき、学ぶことは常にたくさんあることが分かります。この手紙は貴重な思い出の一つになったのでした。

大学生の窓口風景● 36

学園、朝の始まり

この12年間、私の朝の始まりは3時半から4時ごろの起床からです。少なくとも、人様より1、2時間は早い動きであることは自覚しています。「朝早いんですね」とよく聞かれますが、私はきまって「えー、毎朝、鶏を起こしてから家を出てくるんですよ」とつまらない冗談を言っております。

大学の出勤時間は、電車の都合でだいたい朝の6時前後に入室することが日課になっております。

学園の朝も実に早いです。部活動をする学生が多くいるからです。

私がよく目にする部員は、柔道部をはじめ陸上部、ラグビー部、バスケット部、バレー部、ソフトテニス部、水泳部などの学生をよく見かけます。

このような学生たちの部活動の姿は、多くの一般学生は、ほとんど見かけることは無いでしょう。こうしたたゆまぬ努力の結果が、全日本での優勝や世界チャンピオンに繋がったり、オリンピックのメダルへと結びついていくのです。

ところで、毎朝多くの学生たちが登校する前、学園がようやく眠りから覚めた頃、この早朝の学生たちはチームを作って、ビニール袋と火挟みを持って、グラウンドや道路などゴミとおぼしき物体を拾い集め掃除をしています。学生たちの自然体で実にすがすがしい光景と行動です。すれ違いざまに「おはよう、いつもご苦労様」と声をかけますと、「おはようございます。どうもありがとうございます。」なんのてらいもなく答えが返ってきます。しばし、そのすがすがしさに思いを馳せ、学生たちへの将来へ祈りを捧げたくなります。

どうか今日も一日良い日でありますように!

大学生の窓口風景●37

決意の塊

これは、転学部、転学科を希望し、二年間努力して夢を叶えた学生の話です。

2012年の4月中頃から、明るく人懐っこい新入生が良く顔を見せるようになりました。彼に話しかけると、なんと大きな悩みがあると言うではありませんか。

「私は、第一希望の学科に落ちてしまい、現在は第二希望の学科で勉強していますが、何とかして第一希望の学科で勉強がしたい。転部科制度があるとのことで、どんな勉強をして、どんな対策を取ればよいか、アドバイスをしてほしい…」とのことでありました。

この転部科制度とは、本学では原則として第3セメスター、第5セメスターで認められている制度で、年一回秋に試験を行っており、毎年80人前後の学生が希望しており、50人前後が合格しています。彼の希望する学科は運の悪いことに希望する学生がいつもたいへん多く、倍率も高く第3セメスターでの合格はまず無理とのことでありましたが、彼はそのことは気にもせず戦いはスタートしました。授業のある日の昼休みは勿論の

こと、空いている時間はほとんどと言っていいほど、支援室を利用しておりました。一年次は予想通り、不合格でした。その後、失意を見せることなくますます固い決意で、頑張っている様子ではありましたが…。

二年目に入り試験まであと二週間という時、どうしても面接がうまくいきそうにもないので、面接の練習をしてほしいと相談がありまして、私もこれまで、彼の熱意を十分に感じてましたので、どうすれば彼の希望する学科に思いが伝わるか考えてみました。

・なぜこの学科で勉強したいのか？

・合格したら、どんなことをやりたいと思っているのか？

・そして将来どんな仕事につきたいのか？

大きく分けるとこんなところかと考え、いずれにしても、本人の思いのたけを十分に話せるよう一日二時間ほど、二日間面接の練習をしたのです。

月日も過ぎ、秋の発表の日、彼は喜びいっぱいの表情で「合格しました！」と報告に来てくれました。

彼の二年間の熱い思いと努力によって、見事勝利を勝ち得た結果の日であったのです。

あとがき

早いもので、学生生活支援室が立ち上がってから、12年の月日が経ちました。慌ただしい日々を経て、ふと気がつけば学生にとって、支援室の利用は、学園生活の中で、すでに生活の一部として、ごくあたり前の風景となっています。

広報活動の展開、教職員の応援や保護者の皆さんの理解、学生間の口コミによる拡がりなどによって、多くの人々に支えられてきた12年間でした。時間帯によっては十分な対応が出来なかった学生も多くいたはずです。相談内容によっては、アドバイスが不十分であったり、問題解決に至らなかったことも、数多くあったように思います。スタッフ一同が共に悩み、共に考える姿勢で望んできたつもりでしたが、実際のところはどうであったのでしょうか。

学生とはいろいろな出会いがありましたし、またこれからも、それは続くでしょう。

「自分探し」「自分作り」が続く青春の一コマをこの学園で過ごし、様々な経験や体験を積んで社会に巣立っていく学生たち。ますます混迷・混沌とする世界や日本の社会の中で、学生は今後どう生きていくのか、不安はよぎりますが、そこは学生への信頼とその未来にかけたいと思います。

今、日本の大学を取り巻く環境は、少子化問題や多様化する教育のニーズに、国際競争なども加わって、あっという間に厳しい現実を迎えています。そんな中で、この冊子発行が本来の意図するところとは程遠い感じもしないではないのですが、「学生生活支援室」という全国の大学の先駆けとしての試みたこの本書の記録が、日本の大学教育の一つの側面として捉えていただけるなら、私としては望外の喜びです。

最後に、この学生生活支援の「ＣＬＩＣ」の名付け親でもあり、立上げに多大なるご尽力をいただいた当時教学部長をされておられた鶴岡靖彦名誉教授をはじめ、その後の学生支援のあり方をどうするのか、多くのアドバイスをいただいた教学部長 宮崎康文教授、今日までスタッフの一員として日々苦楽を共にし、支えてきていただいてきた、吉田道夫、平野政敏、武藤宏之、野地里美、岡部成弥、中島聡司、加藤智子、牧野寿美子の各氏、ＣＬＩＣの大きな看板でもあった「法律相談」において、弁護士兼務の菊地敦教授には大変お世話になりました。また、東海大学湘南校舎校友課の初代課長として『ＣＬＩＣ相談対応事例集』の発刊にあたり、多大なるお力添えをいただいた服部俊介氏に心から御礼申し上げる次第です。

また、この学生生活支援室の誕生を雑誌『ＰＨＰ』を通じ、いち早く全国に紹介していただいた元学生情報センターの執行役員であった藤井一成氏、同じく特集を組んでいただいた『Ｂｅｔｗｅｅｎ』(進研アド)の編集部の皆さんや、大学の教職員研修に講師として講演デビューの契機を作っていただいた、文化学園大学の学生部次長宮本朱氏、これからの学生支援のあり方について共に考え、共に悩みながら実践するチャンスをいただいた、関東地区学生生活連絡協議会加盟校の皆さん、私立大学連盟、学生生活支援研究会の皆さんや関係する研修会会場等で、いつも暖かく励ましのお言葉をいただいた、弘前大学教授（当時）の佐々木大輔先生をはじめ、東海大学荻原公也、故青木斌両名誉教授には、その都度アドバイスや応援をいただき、言葉では言い尽くせないほど、謝意の気持ちで一杯であります。

特に筑波大学 大学研究センター「学生支援論Ⅰ」において、3年間にわたり講義のチャンスを与えていただいた加藤毅准教授には、多大なご支援をいただき大いなる感謝の気持ちと万感の思いで一杯であります。

それと同時に、何と言っても、今日まで学生生活支援室を信頼し、相談や何らかの形で利用していただいた12万人以上の学生をはじめとした多くの保護者の皆さんのことであります。

当時、年齢からしてもすでに団塊世代の私に対し、学生の皆さんは、そのような気持ちはおくびにも出さずに、一人の人間として日々暖かく接していただいたことは、どれ程励みになってきたことでしょうか。

その学生の一人、当時教養学部芸術学科デザイン課程の四年生だった永井優衣さんが、この本の表紙をデザインしてくれました。木の枝を学生支援室になぞらえ、そこに留まる鳥たちを学生に見立てデザインされたと伺い、学生支援室の役割の重要性をひとしお感じたところです。

改めてお世話賜った方々、そして支えていただきました多くの学生ならびに保護者の方々に、ここに感謝の意を表し、結びのことばに代えさせていただきたいと思います。

令和元年8月吉日

曽田 成則

初出一覧

論文

1　学生支援における職員の専門性　『大学マネジメント』平成24年6月号

2　薬物汚染から学生を守るために　『大学と学生』平成19年11月号　第47号

3　学生生活支援室ＣＬＩＣの活動　書き下ろし

4　保護者との「大学近況報告会」について　平成25年3月31日東海大学連合後援会「五十年史」より

講演録

5　大学マネジメント講義「学生支援論Ｉ」
平成24年度筑波大学研究センター　大学マネジメント講義「学生支援論Ｉ」

コラム　これからは職員も専門家の自覚を
平成17年度　学生指導教職員研修会　文化女子大学　講演録　抜粋

随筆

6　大学生の窓口風景　書き下ろし

＜著者紹介＞

曽田　成則　　Masanori SODA
東海大学名誉顧問
神奈川県大磯町教育委員会委員
瑞雲書道会理事長、
国会議員政策担当秘書認定、参議院永年表彰議員秘書

■　主な著書・論文

『シベリアの自然　人と感動』（東海大学出版会、2003年7月）
『視線と連想』共著（東海大学出版会、1975年3月）
「極東ロシアの現状と今後の課題」（1995年8月）
「今後のわが国の資源エネルギー問題」（1997年5月）
「情報通信の将来展望」（1997年10月）
「薬物汚染から学生を守るために」（『大学と学生』時評社、2009年2月）
「学生支援における職員の専門性」（『大学マネジメント』2012年6月号）

■　主な掲載新聞・雑誌

「魅力あるキャンパスづくりをめざして」（PHP659、2003年4月）
「満足度を高める学生支援」（進研アド『Between』、2003年10月）
「高等教育と大学の連携を探る（上）」（全私学新聞、2004年10月13日）
「高等教育と大学の連携を探る（下）」（全私学新聞、2004年10月28日）
「教職員の学生対応ガイド」（読売新聞、2007年4月3日）
大学と学生「東海大学・大学と学生の心をつなぐ試み」（時評社、2007年10月）
「学生相談きめ細かく」（読売新聞、2008年5月21日）

■　主な講演発表

2004年　熊本大学　教官・事務官研修会
「これからの学生支援のあり方について」
2004年　日本短期大学協会研修会
「これからの学生支援について」
2005年　学生指導教職員研修会　文化女子大学
「大学と学生の心をつなぐ試み」
2006年　相模女子大学　教職員研修会
「これからの学生支援について」
2006年　群馬県建設業協会渋川地区安全衛生大会
「青年とどう向きあうか」

2007年　目白大学　リーダー学生研修会
「大学生のリーダーシップの取り方について」
2007年　武蔵大学　人権委員会研修会
「最近のアカデミック・ハラスメントの現状とその対応について」
2008年　私立大学連盟　学生生活支援研究会　基調講演
「大学生とどう向き合うのか」
2008年　新潟大学・東海大学　就職キャリア支援研修会　講演
「クレームにはどのように対処するか」
2008年　兵庫医療大学　神戸キャンパスオフィス研修会
「これからの学生支援のあり方」
2009年　私学経営研究会　東京、大阪講演
「学生の多様化に伴う学生支援のあり方」
2011年　横浜国立大学　学務系職員研修会
「チャレンジする学生支援」
2013年　関東地区学生生活連絡協議会　通算100回記念講演会
「新たな学生支援活動への挑戦」
2011-2013年　筑波大学大学研究センター　マネジメント育成講座
「学生支援論Ｉ」
その他多数

□ 表紙デザイン　永井優衣
□ 本文イラスト　片木愛実

学生と大学の心をつなぐ　―引きこもりをつくらない学生支援―

2019年8月25日　第1刷発行

著　者　曽田 成則

発行所　㈱ 霞出版社
〒102-0074　東京都千代田区九段南4-6-1-203
電話　03-3556-6022　Fax　03-3556-6023
e-mail　info@kasumi-p.net
URL　http://www.kasumi-p.net

印刷・製本　東光整版印刷㈱

ISBN 978-4-87602-896-2 C3037